U0080789

投報率最穩!!

第一本 全方位
穩定收益
投資指南

FOREWORD 推·薦·序 ————————

近年來台灣的財富管理迅速成長，加以金融環境及地緣政治的快速變遷，導致金融商品趨於多元化與複雜化。對於風險趨避者及不諳金融商品者而言，穩定收益型金融產品乃成為具有吸引力的投資理財工具。

本書作者廖仁傑教授，是我過去指導的博士班學生，求學期間勤奮向學且實事求是。畢業後回母校兼職授課，努力於為學生的學業與未來就業解惑。目前專職擔任金融機構重要職位，並多次獲邀在聯合徵信中心、上市公司與學校等知名企業及學術機構就投資理財議題進行演講，是一位具備深厚理論與實務專業的作者。

本書共分為六個章節，包括：穩定收益的投資工具、投資不動產商品、投資股票商品、投資債券商品、投資保險商品，以及投資外幣定存商品等，皆為符合穩定現金流的金融投資理財商品。內容十分豐富且深入淺出，再搭配實用的案例及專有名詞解說，相信讀者在研讀完本書後，將能掌握這些金融商品的特性，選擇最適合自己的投資標的，並制定最佳的資產配置。

基於上述的理由，我樂於為廖仁傑教授撰寫推薦序文，並相信本書絕對是有志於了解穩定收益型金融產品讀者的最佳選擇。

中原大學國貿系 吳博欽 教授

PREFACE 作·者·序 ————————

　　為了對抗通膨，美國聯準會在2022年一連串的升息下，造成金融市場的變動。迄今聯準會已經升息了10次，合計共20碼（5%）；台灣則升息了5次，合計共3碼（0.75%）。但從FedWatch及FED利率點陣圖來預測未來升降息的機率，也發現在不久的將來，經濟會慢慢衰退而產生降息的機率，因此可以推測未來金融市場將會處於利率升降所造成的衝擊影響下。

　　希望能藉由本書讓讀者了解美國及我國政府的利率政策是如何影響金融商品，並透過掌握穩定金融商品的配置策略，降低未來的不確定性及風險波動，來獲取穩定的收益及做好長期的財務規畫。本書詳細說明各種穩定金融商品的內容及配置，期許能提供讀者對於穩定收益商品的宏觀思維及深入的了解。

　　本人自民國100年博士班財務組畢業後，就在學術及工作生涯中鑽研不動產研究及各種投資理財商品，在大學部及研究所開設的課程皆是學生的選課熱門，不動產專題演講及投資理財教育訓練也同樣受到業界的歡迎，曾在專業研究機構的聯合徵信中心獲得董事長多次邀請進行專題演講，也曾應台北醫學院院長的邀請前往演講。相信這本投資理財書的出版必然會受到產、官、學的歡迎及期待，也期許這本書能培育更多投資理財的專業人才，讓讀者認識投資理財商品，也讓投資理財人才及投資商品的大眾學以致用。

本書在整體內容上有以下四大特色：

❶ 理論與實務結合

本書最大的特色是當遇到問題或議題時，因個人除具理論與研究背景外，更擁有豐富的金融機構實務背景，所以每項議題皆能提供理論與實務的結合與應用。

❷ 書中提及的穩定收益商品彼此相關

全書投資觀念及資產配置皆可相互配合，本書有說明短、中及長期金融商品的配置及金額的投入，如短期外幣定存、股票的投入及配置，中期保險、債券的投入及配置，長期保險、債券及不動產的投入及配置，更有提供如何做好財務規劃及退休計畫的指引。

❸ 適合學界與業界使用

該書因具有理論與實務的結合，所以在學界上適合業界研究員和學界研究生使用；在業界上則非常適合證券、投信、投顧、保險及銀行理財人員使用。此外，本書也適合想要穩定配息的投資人使用，更適合想要退休及已經退休人員利用。

❹ 涵蓋範圍廣博

　　由於自身具備長期於大學及研究所教授投資理財所累積的經驗，以及在學界及業界長期提供專題演講或教育訓練的資歷，所以對於財務金融知識及金融市場都有非常深入的了解。在授課及工作實務中也常提供投資理財策略給學生、授課者及顧客參考，所以該書的資料及應用不僅範圍廣博、準確度高，更具有高度實用性，相信對於讀者及投資人均有莫大助益。

　　寫書是一件非常浩大且辛苦的工程，先前第一本不動產書籍的出版是為了紀念過世的父親，紀念父親對於我的栽培及教育，並堅定我對父親做出的照顧母親的承諾。而這本投資理財書籍則是代表我對於母親的愛（母親我會陪伴您，我不會讓您失望，我將代替父親，陪伴您走到人生終點），並告訴母親她對於我的投資是值得的（我將過去您對我的投資，轉換為自己對於弱勢團體的付出及對教育的投入）。

　　我希望以此書告訴讀者如何投資穩定金融商品，更希望藉此書呼籲讀者要好好陪伴及孝順您的父母親，因為投入給父母親的愛遠比投資穩定收益的商品更有意義、更有價值，並能讓您在生命中不留遺憾。

廖仁傑 謹誌

CONTENTS 目•錄 ————————————————

Chapter

3

投資股票商品

為我們
帶來穩定收益的
投資工具

為我們帶來穩定收益的投資工具

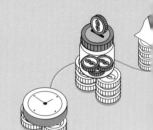

　　台灣財富管理數十年來不但快速成長，網路及數位化的交易也在持續的發展中。由於投資任何工具都有風險，所以不論採取實體或數位的財富管理方式，都應該要正視了解金融商品的內容及金融商品的風險，並且透過適當的方法降低風險。比如了解自己的風險屬性後做好風險辨識、產品規劃及資產配置，然後有效率、有紀律的長期投資，以獲得一個可以預期的長期投資結果。

　　然而，在當今金融環境及地緣政治快速的變化下，金融商品也日趨多樣化與複雜化，「錢該往哪裡投？如何規劃資產配置？」可以說是大多數投資者面臨的問題。其中，穩定收益類的理財產品，對於不想冒風險及不了解金融商品的人們來說，可謂是最佳的選擇，因為長期的穩定收益是他們最好的保障。另外，各種穩定收益的金融商品，在不同經濟環境的表現也會有所不同，因此可能會有某種穩定收益類型的金融商品更加符合您的需求，然而這一切都要取決於個人的財務規劃以及個人可接受的投資風險承受度。

　　基於上述的原因及金融商品風險考量下，本書將著重穩定收益金融商品，穩定收益的投資商品如不動產的租金收益、股票的現金股

利、債券的固定配息、保險的保單配息及外幣定存的固定配息，以上金融商品皆屬於穩定收益類的理財產品，後續內容將逐一介紹，讓讀者更能掌握即時、準確的重要資訊，以利讀者了解及投資金融產品。

從六個面向了解穩定收益商品

首先從穩定收益商品的流動性、風險性、門檻性、收益性、期限性及專業性，此六大面向來帶讀者初步了解本書接下來會介紹的幾種投資工具，掌握投資工具的特性，才能選對最適合自己的商品。

表1：穩定收益商品的特性

商品	流動性	風險性	門檻性	收益性	期限性	專業性
不動產	1	5	5	5	短、中、長	高
股票	4	4	1	4	短、中、長	高
債券	3	3	4	3	短、中、長	高
保險	2	2	3	2	中、長	中
外幣定存	5	1	2	1	短	中

資料來源：自行整理（數字1～5，數字大重要性高，1最小，5最大）

❶ 流動性

代表買方或賣方想要變現成現金的容易程度。若變現成現金快，則代表流動性高，反之代表流動性低。由於買賣不動產交易金額高，若加上景氣不好，房子買賣時間長者會超過1年以上，所以流動性最差；保險通常需要綁約6年以上，其流動性次差；外幣定存隨時可以和銀行解約故流動性最高，其他資產說明同不動產敘述。

❷ 風險性

風險性的類別很多，如信用風險、市場風險、流動性風險等等，在此將以上的風險綜合起來統合成一個綜合風險性指標。由於不動產買賣金額是最高的，所以買賣雙方在景氣不好時，會因資訊不對稱及彼此認知性不同，而造成不動產買賣價格差異很大，因此不動產風險性仍是最高。

❸ 門檻性

對大多數年輕人來說，買股票比買房子簡單，因為買賣金額門檻低，投資人較容易買得起，相對之下，動輒千萬元起跳的房地產，似乎較不容易買賣，所以買賣不動產的門檻最高。債券若是基金定期定額的話，進入門檻最低，但若為海外單一債券投資，小則為1萬美金（相當30萬台幣）起跳，大則為20萬美金（相當600萬台幣），因此其進入門檻次高。保險儲蓄險通常為6年期，且被綁約6年，需長期規劃

資金配置，因此也是門檻較高的。由於股票及外幣定存都是單筆投資，存款金額及投資金額由投資人決定，所以進入門檻較低。

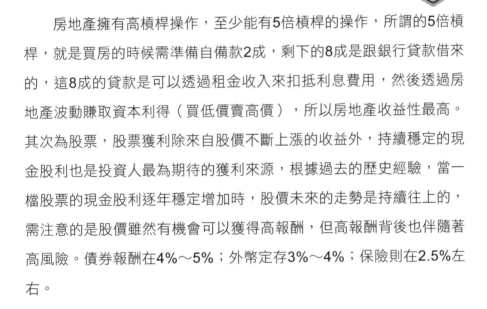

❹ 收益性

房地產擁有高槓桿操作，至少能有5倍槓桿的操作，所謂的5倍槓桿，就是買房的時候需準備自備款2成，剩下的8成是跟銀行貸款借來的，這8成的貸款是可以透過租金收入來扣抵利息費用，然後透過房地產波動賺取資本利得（買低價賣高價），所以房地產收益性最高。其次為股票，股票獲利除來自股價不斷上漲的收益外，持續穩定的現金股利也是投資人最為期待的獲利來源，根據過去的歷史經驗，當一檔股票的現金股利逐年穩定增加時，股價未來的走勢是持續往上的，需注意的是股價雖然有機會可以獲得高報酬，但高報酬背後也伴隨著高風險。債券報酬在4%～5%；外幣定存3%～4%；保險則在2.5%左右。

❺ 期限性

不動產及債券操作期限較長，短則3年，長則7～10年較容易獲得資本利得。儲蓄險保險也必須綁約6年以上才能解約，也屬於期限中期以上（5年以上）。股票及外幣定存操作期限較短，外幣定存短則3個月、半年、1年、2年或3年即可；股票除現金股利或股票股利固定配息外，只要該股擁有獲利的題材也可即時賣出賺取資本利得。

❻ 專業性

　　不動產專業性高，必須了解總體經濟環境、政府建設、央行政策及法令、稅制等規定，如房地合一稅、央行升息及預售屋換約限制等。債券專業性也高，必須預估利率的走勢、債券買進的時間點，並具備債券的專業知識，如債券的存續期間。股票則有基本面分析、技術分析及統計分析，涉及專業方面也如同債券一樣多。保險及外幣定存等金融商品之專業性則不如不動產、債券及股票等專業性高，屬於中度專業性。

穩定收益商品的報酬

　　穩定收益商品的報酬來源關鍵有以下三點：

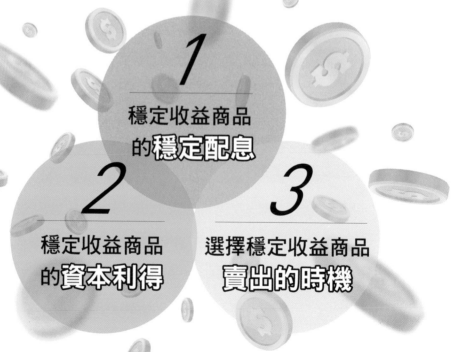

1　穩定收益商品的**穩定配息**

2　穩定收益商品的**資本利得**

3　選擇穩定收益商品**賣出的時機**

　　穩定收益商品擁有穩健投資的共同特質，這是因為它們都具有穩定配息及潛在資本利得的資產特性，如下表2，所以較適合退休族及風險趨避的投資者選擇，關於如何穩健投資穩定收益商品的說明將會貫穿全書。

表2：穩定收益商品的穩定配息及資本利得

商品	穩定配息	資本利得	操作方式投資策略
不動產	租金收入	買低賣高	利用寬限期來買低賣高
債券	債息收入	買低賣高	可持有到期或期間賣出
股票	現金股利	買低賣高	等待時機
保險	預定利率	宣告利率與預定利率之差距	至少綁約六年
外幣定存	定存配息	外幣買低外幣賣高	至少綁約一年

資料來源：自行整理

打造自己專屬的資產配置策略

打造穩健的投資收益，除了要選好適合自己需求的金融商品之外，更要依自己的風險承受度等需求，調整資產配置。可將資產配置劃分為核心配置與衛星配置，詳細說明如下。

❶ 穩定收益商品的核心配置

若是要追求穩定的配息，一般認為防禦型資產的核心配置，風險相對比較低，且該防禦型資產可創造相對較低風險的資本利得。這一類資產報酬包括穩定配息與低風險資本利得，資產主要為外幣定存、保險及債券等固定收益商品。由於該類資產為核心配置投資，所以建議短期及長期搭配持有（通常為短期外幣定存1～3年、長期保險及債券10年期以上），以獲得穩定配息。

❷ 穩定收益商品的衛星配置

成長型資產衛星配置著重於資本利得的創造，這一類的資產，可適合短期操作（短則1年）及中期穩定投資（通常為6～10年），包括股票的短期操作（買低賣高），及不動產中期投資（因房地合一稅前5年為重稅期，經過5年後，找時機脫手買低賣高）。投資股票時可利用現金股利中期持有，待股票高點時賣出賺得資本利得；投資不動產也可利用租金收入中期持有，同樣也利用房價高點時賣出賺得資本利得。

❸ 動態配置成長型資產及防禦型資產

隨時做好資產動態調整，以因應經濟環境及資金需求的變化。

穩定收益商品計價的專有名詞

為了讓讀者更好理解後面討論的投資策略及各種工具的運用，這裡先行將穩定收益商品計價的專有名詞整理如下表3。

表3：穩定收益商品的計價名詞及成本收益

商品	計價名詞	成本／收益
不動產	房貸利率	指標利率與固定利率兩者合計
債券	殖利率	穩定配息與資本利得兩者合計
股票	殖利率	穩定配息與資本利得兩者合計
保險	內部報酬率	預定利率與宣告利率兩者合計
外幣定存	利率、匯率	固定利率與浮動利率兩者擇一

資料來源：自行整理

①	**房貸利率**	不動產的利率為指標利率（為浮動利率）加上固定利率合計。
②	**債券殖利率**	債券持有到期的報酬率，含有固定配息和資本利得合計。
③	**股票殖利率**	股票現金股利和資本利得的合計。
④	**保險內部報酬率**	保險前6年為預定利率配息，保險6年後為預定利率和「宣告利率和預定利率差距」的合計。
⑤	**外幣定存利率**	外幣定存為固定利率和浮動利率二擇一當作利率收益。

穩定收益商品的買賣投資策略

投資策略的規劃和商品的選擇一樣重要，好的商品要搭配相應的投資策略，才能發揮最佳效益。

穩定收益商品的投資策略主要包含以下四項重點

01
找出買進穩定收益商品的時差。

02
看出買進穩定收益商品的利差。

03
指出買進穩定收益商品的匯差。

04
賣出買進穩定收益商品的價差。

❶ 找出時差

　　大部分金融商品操作皆是**美金計價**，所以在任何時刻中只要是美金相對低點，就必須美金**逢低買進**，另外任何金融商品相對低點時也是逢低買進，但前提是該商品是有成長性及利多性的，最後將上述論點總結如下：

01	美金低點買進。
02	不動產低點買進。
03	債券低點買進。
04	美金定存高點存進。
05	美元保單預定利率高時買進。

❷ 看出利差

　　2022年在美金定存**相對高點**時，就可以**借台幣**（利率都在1.72%左右），因美金的定存相對是在高點（利率在4.2%左右），另外海外債券票面利率及殖利率也是相對在高點（利率在4.5%左右），屆時先借台幣買美金，然後再買進海外債券獲取利差，也是一種投資利差的

策略。在房地產若找出一個好的地點，該房地產未來有成長性及建設性，買進房地產是可以先透過租金收入報酬率在3%上下繳交房貸利息，雖然獲利利差小，但因房地產獲利的來源是**賺取價差**，故可以利用租金收入等待時機**賣出高點**。善用利差的重點整理如下：

01 美金定存及海外殖利率高點存入及買進。

02 租金收入扣抵放款利息。

❸ 指出匯差

2022/1/3美金兌台幣匯率27.63，2022/12/30美金兌台幣匯率30.64，若投資人在2022/1/3買進美元，並存1年期美元定存4.2%，1年後美元定存到期，於2022/12/30賣出美金兌台幣30.64，中間匯差報酬率為（**30.64－27.63）÷27.63＝10.89%**，匯差報酬率高達10%以上，足見美元匯率相對低點。

01 美元1年定存＝4.2%

02 美元1年後匯差＝10.89%

03 美元定存和美元匯差報酬總計為(1)+(2)=15.09%

❹ 賣出價差

　　房價及股價皆是在**高點**時賣出，上述兩種商品皆為**台幣計價**賣出，所以無需考量匯率問題。若為美元定存及儲蓄險保險則因綁約到期方能賣出，該兩種商品的賣出價格是早已經確定，但由於是**美元計價**的，所以必須等到美金**相對高點**賣出美金獲取匯差。至於海外債券先前買進是因為美元升息環境下，債券處於**相對低點**，然為了在**債券高點**時賣出，則必須等到美國聯準會降息後，待海外債債券價格高點時賣出，以獲取債券價差。

01 房價及股價相對高點賣出（賺取價差）。

02 美元定存及保單到期時，待美金強勢時賣出（賺取匯差）。

03 債券價格高點賣出（賺取價差），待美金強勢時賣出（賺取匯差）。

表4：穩定收益商品的投資策略與買進時機

操作時機	操作商品	操作策略	操作檢視	操作方式
找出	（時差） 美金	機會	總體環境	解讀判斷
看出	（利差） 債券、外幣定存	高低	本國外國	借低存高
指出	（匯差） 台外幣	升貶	本國外國	買低賣高
賣出	（價差） 不動產、股票、債券	進出	買低賣高	買低賣高

資料來源：自行整理

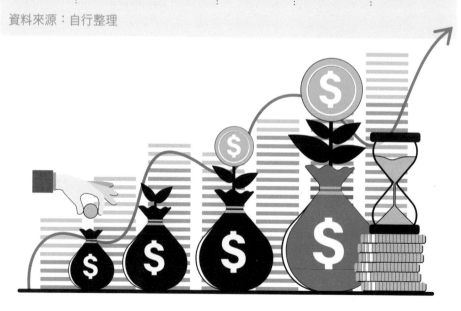

認識各類型商品的風險

事先了解投資商品的風險，可以讓我們的投資維持在自己能承受的風險範圍內，此外，認清潛在風險也是使投資維持良好收益的關鍵。以下將一一說明穩定收益商品的利率風險、信用風險、流動性風險，以及匯率風險。

❶ 不動產的風險：利率風險、信用風險、流動性風險

• **利率風險**：央行調升政策利率將連帶影響房貸利率，因此央行升息將讓買房**成本增加**。央行從2022年第1季至2023年第1季共升息5次，升息累積達3碼（0.75%），目前貸款利率最低為**2.06%**，已經突破貸款投資者**2.0%**的利率上限，是以未來不動產買賣將會呈現量縮價跌的趨勢，投資不動產要抱持著謹慎保守的態度。當房市沒有量，未來價格就不容易漲，如果基於投資考量買房，大筆錢投資下去卻只有**2.5%**左右的投資收益，明顯不是一項好選擇，所以在這種情形下，投資人將減少貸款買房。

• **信用風險**：金管會於2022年2月17日宣布，提高銀行計算資本適足率LTV法（不動產曝險按貸放比率計算權數）中的**法人房貸**、**自然人第三戶房貸**、**購地貸款**、**餘屋貸款**及**工業區閒置土地貸款**等五大項風險權數，最高達200%，並且適用新貸、舊案續貸及轉貸案。而銀行基於風險及成本考量，勢必將利率轉嫁給貸款投資者，故貸款投資者若有上述條件，將會因**利率上升**而**減少貸款投資**的意願。

- **流動性風險**：不動產將因**利率風險**和**信用風險**的衝擊，加上日前內政部針對預售屋的**《平均地權條例》**通過影響下，未來交易量會因為流動性的問題而呈現量縮現象，形成供給量多而需求量少的趨勢，而造成不動產價格緩步下跌。故不動產自住者可趁此價格下跌的現象買房自住，但不動產投資者一定要保守謹慎為之。

- **匯率風險**：不動產買賣是以當地貨幣計價交易，所以沒有匯率的風險。

❷ 股票的風險：利率風險、信用風險、流動性風險

- **利率風險**：通常**利率上升**，存款利息上升，借款的成本也會上升，錢就會從股市流到存款，對未來股市是不利的，但是目前股市應該是好的，才會透過升息降低經濟活動。

- **信用風險**：當一家公司過去發放股票現金股利是非常穩定且每年發放的，若公司在未來可能無法發放現金股利，或是發放現金股利減少許多，就表示該公司可能經營出現問題而產生**信用風險**，造成發放現金**股利不穩定**的現象產生。

- **流動性風險**：股票市場流動性佳是指該股票具有足夠的交易量，投資者能夠容易的買進及賣出股票，反之流動性差、成交量不足的股票就不容易買入及賣出股票。

- **匯率風險**：股票買賣是以**當地貨幣**計價交易，沒有匯率的風險。

❸ 債券的風險：利率風險、信用風險、流動性風險、匯率風險

- **利率風險**：如果市場利率**高於**債券票面利率，債券投資人會去投資市場（如承作銀行美金定存），而不購買債券，未來債券價格就會**下跌**；反之如果市場利率**低於**債券的票面利率，投資人就會買債券而造成債券價格**上升**，所以市場利率和債券的價格是呈現**反向**變動。

- **信用風險**：對於債券的投資者來説，**債券最大風險**就是所謂信用風險，也就是債券的債務人（債券發行者）是否有能力可以將錢償還給債權人（債券投資者），所以投資債券的投資人需要考量的是債券發行人有沒有能力，這方面投資者可以看**國際信評機構**評之。

- **流動性風險**：債券標的物若交易量低，恐會產生債券流動性的問題，並且不容易及時變現，另外流動性風險在債券**恐慌時期**更需要特別留意，因為當有人搶著賣出時，就很可能出現債券的**大幅折價**。

- **匯率風險**：因**海外債券**通常為**美元計價**，所以就會有匯率風險的問題存在。

❹ 外幣保單的風險：利率風險、信用風險、流動性風險、匯率風險

- **利率風險**：保險利率變動型的保單之宣告利率並非固定利率，是會隨著保險公司定期時間宣告而改變的。由於**宣告利率大於預定利率**會有額外增值**回饋分享金**，故宣告利率並非保證，也不是投資報酬率，其產生的增值回饋也就**並非保證的**，是會受市場波動影響的。因此隨著宣告利率的調整，會對保戶們的收益造成影響，所以保險的宣告利率就會產生利率風險。

- **信用風險**：保險的**投資型保單**較容易發生當投資標的的發行機構發生財務危機時，投資人有可能求償困難，此時投資型的保單就會因為發行機構無法履行而產生信用風險問題。

- **流動性風險**：如果投資人選擇**躉繳型**的保單，會有一大筆資金放在保險公司，並且被保險公司綁住**至少6年**。因此投資人若臨時有資金需求而被迫**中途解約**時，將會**損失本金**，且資金被保單鎖住那麼久，也會有錯失其他投資金融商品的機會，這就是保險的流動性風險問題。

- **匯率風險**：外幣保單最怕的風險就是匯率風險，因為**保單到期**時是以**原幣別**提供給投資者（通常是美元保單），所以等到美元保單到期還本時，外幣保單可能會因為美元貶值，而導致台幣減少。

❺ 外幣定存的風險：利率風險、信用風險、流動性風險、匯率風險

- **利率風險**：通常各銀行所提供的美金定存優惠都是**短期3個月**的，由於美金利率同台幣利率一樣是**浮動的**，待3個月美金定存到期後，美金定存重新報價，就有可能產生利率下降的風險問題。然而若是美金定存年期較長，則定存利率不會差別太大，因此建議讀者存美元長期定存，利率風險問題會因為存長期定存（3年期定存）而降低許多。

- **信用風險**：只要是銀行都會有信用風險的問題，所以建議讀者選擇穩健且可靠的**公營行庫**，或是**民營大銀行**及**老銀行**，比較值得信賴。

- **流動性風險**：在美金定存所產生之流動性風險問題，同資金被外幣保單鎖住一樣，外幣保單中途解約會損失本金，外幣定存不會損失本金，但**提前解約**會**損失利息**。另外，外幣定存也會因為**匯率**有所波動，而產生**無法換回台幣**的流動性問題。外幣定存在投資者的使用上，較會產生以上的流動性問題，因此建議讀者將閒錢進行外幣定存，這樣的投資最為安全，需要台幣時也可利用**外幣定存質押借台幣**（利率2%左右），也是一種操作方式。

- **匯率風險**：外幣定存同外幣保單一樣，最怕的風險就是匯率風險，因為外幣定存到期時也是以**原幣別**提供給投資者，投資者會在美金定存到期後，面對美元到期後的升貶值不確定性風險，若是**美金貶值**就會產生**台幣減少**的問題。

下表5整理了五種不同穩定收益商品的風險種類，供讀者一次比較。

表5：穩定收益商品的風險

風險種類	利率風險	信用風險	流動性風險	匯率風險
不動產	（有）利率上升	（有）成本增加	（有）	（無）台幣計價
債券	（有）利率上升	（有）擔心倒掉	（有）	（有）外幣計價
股票	（有）利率上升	（有）擔心倒掉	（有）	（無）台幣計價
外幣保單	（有）利率下跌	（有）擔心倒掉	（有）	（有）外幣計價
外幣定存	（無）	（有）擔心倒掉	（有）	（有）外幣計價

資料來源：自行整理

利用穩定收益商品打造穩健配息的方法

在本書介紹的五種投資工具中，房地產、債券及股票這三種是短期、中期、長期皆能配置的商品；而外幣保單及外幣定存，則分別適合中長期配置及短期配置。以下將分別介紹不同類型的投資工具，在短期、中期、長期操作下，可以如何配置。

❶ 房地產

- **短期操作**：看好投資的房子**短期**會有**資本利得**時，可透過向銀行申請**寬限期**（只繳利息），讓資金得到更彈性的利用。若標的為預售屋，因為限制換約轉售（預售屋或新建成屋買賣契約，買受人除配偶、直系或二親等內旁系血親，或經內政部公告的特殊情形外，不得讓與或轉售第三人；建商也不得同意或協助契約讓與或轉售，違規者均可按戶棟處罰50萬至300萬元），**建議挑選3～4年後**可以蓋好的，並且如期成屋出售賺房屋差價。或是買生活機能及地點好的新成屋（如台北市大安區、信義區及中正區等等，新北市板橋區、新店區、中永和區等等），因該區域的客群皆屬於中高資產客戶，所以只要是地點好生活機能便利，價格稍高並不是問題，故短期操作著重在**買低賣高**的資本利得。

- **中期操作**：該操作的方式為看好**預售屋的潛能發展**，並同時**避重稅**（房地合一稅2.0將原先持有第1年出售45%稅率，延長至2年內交易即課重稅45%，2年～5年內交易課徵35%，超過5年～10年

課稅20％），操作的策略為：第一步、向銀行申請寬限期。第二步、將房子出租，利用將房子出租後的收入繳交房貸利息，並且等待房價上漲賺取資本利得。

- **長期操作：**該操作的方式為看好**預售屋的潛能發展**，並同時**避開重稅及房地產景氣循環**（房地產7～10年景氣一個循環），因為為長期操作，所以操作的策略為：第一步、轉貸向銀行申請寬限期。第二步、將房子出租，長期同中期一樣將房子出租後的收租繳交房貸利息，並且等待房價上漲賺取資本利得。

❷ 股票

本書著重在長期穩健的配息，會著重在現金股利配息，所以挑選股票的方向為(1)5%左右的現金股利、(2)近5年穩健的配息、(3)近5年較高的配息率、(4)股價波動不要太大、(5)股票股價在50元內及50～100元的股票。

- **短期操作：**著重在股票的**資本利得為主**，現金股利之**殖利率在5%左右為輔**，該股票具有穩定成長性，且股價不會產生太大波動性。由於該股票之股價不會產生太大波動性，所以建議股價在買低賣高資本利得之報酬率介於10%～15%即可立即賣出，因為短期操作股票著重在買低賣高的價差。該客群雖然以**年輕的投資者**為主，但仍以**穩健高配息**及**波動幅度小**的股票為投資標的。

- **中期操作**：著重在**現金股利之殖利率為主**，股票之**資本利得為輔**，若該股票有持續在5%上下的殖利率，雖然有較大資本利得的空間，仍然建議保留持該股票以長期獲取5%現金股利的殖利率；若該股票不能持續維持5%左右的殖利率，但有較大的資本利得，則建議賣出該股票以獲取資本利得。建議在**5年內即將退休**的投資者可以採納此配置。

- **長期操作**：都著重在**現金股利之殖利率為主**，並**不以股票之資本利得為輔**，必須是穩定成長且成熟型的股票，該股票不論是盈餘、現金股利及配息率都是穩定發放的，所以投資人可以長期持有該股票且穩定獲取配息，該客群最適合**即將退休及已經退休**的投資者。

❸ 債券

在目前美國通膨快速且大幅升息衝擊下，債券價格修正許多，尤其債券目前價格已經明顯折價，是債券投資的買點。

- **短期操作**：由於**短天期債券**對利率敏感度**低**，因此短天期（5年內）、**高票面利率**、**高殖利率**、**信評佳**及**接近平價**的債券可以購買，尤其挑選信評佳的債券不僅償還能力好且短天期，在經濟前景不確定下，較能夠因應景氣未來的不確定性，加上目前短天期債券殖利率都創下過去的高點，因此建議讀者此時是可以買進的時間點。

- **中期操作**：最近許多存股族紛紛變成「存債族」，買入**較長天期**（5～10年或是10年期以上）的債券，其原因就出自前面所說美國處於**高通膨及聯準會的升息下**，導致美國各種年期的**公債債券價格下跌及殖利率大幅上升**，所以目前債券不同年期都變得很有吸引力。不過由於目前仍處於經濟不確定性，所以保守的投資人若要挑選較長天期的債券，建議挑選5～10年期的高評等債券，因為購買較長天期的債券，利率大都是高票息及高殖利率。

此外，也建議讀者買**平價及折價**的債券，屆時債券到期時可以拿到至少面額以上的債券。這些錢未來可以用在買房的頭期款，或是大量償還房貸的本金，再加上未來1到2年美國的降息，勢必促其債券價格上漲，讓投資人大賺資本利得。綜合上述的經濟環境，建議讀者可以配置**50%的短期債券及50%的中期債券**（6～10年期），屆時美國聯準會利率下調，將會導致債券價格上升，投資人可以**賣出中期債券**及**保留短期債券**，因為中期債券可以賺比短期債券更多的資本利得（因為中期債券較短期債券存續期間長）。保留短期債券的理由是因為未來美國聯準會降息後，目前**短期債券**的利率條件將會較優於其他金融商品的條件，並且在未來經濟條件較差的情況下，短期發行債券到期的風險較小。

- **長期操作**：如同先前債券短期操作及中期操作一樣，因為看好目前債券的高票息率及高殖利率，現在買進長天期的債券就可以**鎖住高殖利率**，並在未來美國聯準會降息時用來賺取資本利得（買

低賣高）。由於現在是債市的轉折點，建議投資人可以**持有更長天期**的債券（10年以上的債券），因為持有長天期且高評等的債券，其債券配息相對於股票配現金股利更加穩定，且債券價格波動幅度也較股票價格波動小。

因此即將在5年內退休的投資人，可以把1/3的資產配置投入債券；如果即將在1年左右退休的投資人，此時可以把1/2以上的資產配置在債券上。但買債前提必須是要**高評等**的債券及先前挑選**5%配息率**的債券，如此一來，即便是聯準會不降息，投資人也可以將債券持有到期，每年獲利5%的配息就好。若是想長期操作債券，且同時面臨即將退休或是準備退休的投資人，建議可以在債券配置50%的長期債券，25%的短期債券及25%的中期債券，操作方式有二，內容如下：

（一）當美國聯準會降息後，**賣10年期以上債券**（賺取更高的資本利得），**保留短天期**的短期債券（5年內的債券）及**中期債券**（6～10年債券），因為在未來降息的環境中，投資人仍保留有50%債券的資產配置持續配息，建議在5年內即將退休的投資者可以採納。

（二）當美國聯準會降息後，**賣短期債券**（5年期以內）及**中期債券**（6～10年期），以獲取債券價差的資本利得，並**保留長天期**的長期債券，因為長天期高評等的債券，可以獲取穩健的配息，最適合即將退休及已經退休的投資者。

❹ 美元保險

　　由於美元保單利率較佳，此處説明將以美元保單為主。美元利率變動型保單除了要考量**匯率風險**以外，若想要獲得額外「**增值回饋分享金**」，最大的關鍵處在於**宣告利率與預定利率的利差**。另外，由於投資美元利率變動型保單之本金通常會被**鎖住至少6年**，提早贖回會損失本金，因此在短期是無法配置與應用的，購買保險之投資者都只能作中期或長期的配置。

- **短期操作**：無法操作，因為會**損失本金**。

- **中期操作**：美元保單**前6年預定利率**大都為**2.25%**左右，超過6年後會增額分享金於本金成長幅度上，所以買美元保單儲蓄險的客群建議為**年輕族群**，因為本金到期或本金成長後可以拿來付購買不動產所需付的頭期款，前面6年也可獲取穩健2.25%的配息率。

- **長期操作**：若實際計算美元利率變動型保單，其內部報酬率（IRR）大多在2%左右，且美元利率變動型保單需「繳費期滿」（至少要6年）才能拿回增值回饋分享金，因此**較適合長年期的配置**，因為可以持有穩定配息，故更適合**即將退休及已經退休**的投資者。

❺ 美元定存

在眾多外幣定存的選項中，**美元**一直是最熱門的外幣之一，因為它是全球**最主要的流通貨幣**，最近美國聯準會（Fed）升息已經慢慢進入尾聲，在國內銀行外幣定存都在4.5%左右，但現在美國通膨已從高點逐漸滑落，故建議想存美元定存的投資者趕快加快腳步開戶存款，但提醒投資人**不要賺了利差賠了匯差**，記得要知道買進的美元匯率及賣出的美元匯率，如此才能避免產生**匯差損**。

- **短期操作：**美元定存短則3個月，最長為3年，所以美元定存是一個適合短期操作的投資金融商品。但若長期和短期美元定存利差不會差距1%左右，在此建議讀者選擇**3年期**美元定存，因為未來在美國聯準會降息後，3個月的美元定存到期後有再投資風險（因為無法再存入更高利率的美元定存），所以建議讀者選擇長時間的美元定存較為妥善。在此仍要提醒讀者**不要賺了利差賠了匯差**。除此之外，美元定存為短期操作，適合各類族群的投資者。

- **中期操作：**無。

- **長期操作：**無。

以下表6整理了本章節説明的不同投資工具的短期、中期、長期配置分別可採取的策略，以及在不同配置下可獲利的來源，讀者可以搭配前文閱讀參考。

表6：說明穩定收益商品的短期、中期、長期配置及現金流

	不動產	債券	股票	外幣保單	外幣定存
短期策略 1～5年	寬限期	1.持有到期 2.中途出脫	1.持有到期 2.中途出脫	無 本金虧損	1～3年期 持有到期
短期利得	1.買低賣高 2.資本利得	1.票面利息 2.買低賣高	1.現金股利 2.買低賣高	預定利率 固定配息	固定配息 本金到期
中期策略 6～10年	1.寬限期 2.房屋出租	1.持有到期 2.中途出脫	1.持有到期 2.中途出脫	1.持有到期 2.中途出脫	無
中期利得	1.租金收入 2.買低賣高	1.票面利息 2.買低賣高	1.現金股利 2.買低賣高	1.固定配息 2.增值回饋	無
長期策略 10年以上	1.轉貸寬限 2.房屋出租	1.持有到期 2.中途出脫	1.持有到期 2.中途出脫	1.持有到期 2.中途出脫	無
長期利得	1.租金收入 2.買低賣高	1.票面利息 2.買低賣高	1.現金股利 2.買低賣高	1.固定配息 2.增值回饋	無

資料來源：自行整理

穩定收益商品現金流案例說明

我們在人生的每個不同階段都會有不同的經濟需求與收入變化，因此如何配合自己的需求與收入變化來規劃投資，就是幫助我們達到理想生活的重要學問。本節將依據投資人年齡統計資料，舉例示範投資人可以如何配合自己的人生規劃，為自己量身打造資產投資配置。須注意的是，每個人的生涯規劃都不盡相同，讀者要視自己的資產偏好進行配置。

❶ 各階段投資策略

- **第一階段**：在35～38歲及39～42歲購買外幣定存及金融股，或近似金融類股之股票，賺取現金股利。

- **第二階段**：在43～48歲購買美元6年期利率變動型商品，每年賺取美元保單利息，該年齡及工作階段足以支付購買50萬的金融商品，並且為將來購買不動產做準備。

- **第三階段**：在49～54歲購買美元6年期利率變動型商品，及6筆50萬元的海外債。另外於該階段將第二階段所購買的6年期美元保單解約，作為購買房地產的頭期款，再將房地產出租給他人，使該租金收入扣抵交房地產利息。

- **第四階段**：在55歲以後，兼任自己感興趣的工作並投入有意義的生活，且因被動收入及主動收入應該足夠繳交房貸利息及平常生

活開銷費用，房地產除了可以等待時機出售，也可以將出租的房子收回自己入住。

以下將以表7及文字詳細說明依此策略進行投資的現金流，讓讀者清楚看見穩定收益商品的初期投資成本以及可創造的現金流。

表7：各穩定收益商品的投入金額及投入月份

商品	保險6年期美元利變型	債券海外債	股票金融股	美元定存	不動產
操作方式	承作兩筆	承作六筆	承作四筆	承作四筆	出租一筆
投入金額／月份	50萬／6月 50萬／12月	50萬／1月 50萬／2月 50萬／3月 50萬／4月 50萬／5月 50萬／6月	25萬／2月 25萬／5月 25萬／8月 25萬／11月	25萬／1月 25萬／4月 25萬／7月 25萬／10月	1500萬第七年
可創造的現金流					
1月份現金流		12,500		10,000	37,000
2月份現金流		12,500	14,000		37,000
3月份現金流		12,500			37,000
4月份現金流		12,500		10,000	37,000
5月份現金流		12,500	14,000		37,000
6月份現金流	75,000	12,500			37,000
7月份現金流		12,500		10,000	37,000
8月份現金流		12,500	14,000		37,000
9月份現金流		12,500			37,000
10月份現金流		12,500		10,000	37,000
11月份現金流		12,500	14,000		37,000
12月份現金流	75,000	12,500			37,000

❷ 各階段投資商品現金流

• 初期投資

(1) 35歲～38歲及39歲～42歲（每年存入25萬元承作美元定存，或每年買金融股的股票，35歲～42歲擇一承作，可隨時因應市場變化動態調整）

　　每年存入美元定存折合台幣25萬，4年約存入100萬元。（美金定存報酬率約4%左右，分別於1月、4月、7月及10月存入，這4個月的利息分別為10,000）。

　　或者用25萬元購買國泰金及其它金融股股票，若股價約30～40元，取均價35元約可以購買7張股票，因此每年約有7張金融股股票（每年2月、5月、8月及11月，分別購買金融股股票）。若每股現金股利發放2元，則持有7張金融股的現金股利為14,000（2元*1000股*7張），其殖利率約5.7%，2元（現金股利）／35（股價）＝5.7%，1年購買7張，4年後可以購買28張（7張*4年＝28張股票），未來每年在2月、5月、8月及11月份各有現金股利為14,000元。

(2) 43歲～48歲（每年存入50萬元，現金流出）

　　每年6月買入年繳50萬元台幣的美元保單，可以購買美元6年期保單，6年後存入300萬。先前第一階段（35歲～38歲）

存的美元定存換算台幣100萬元，加上美元保單第7年後解約換
算台幣300多萬元，合計400萬可以購買1,500〜2,000萬的房
子，因為1,500〜2,000萬房子的自備款約300〜400萬（買房
子通常是需要準備2成自備款）。

(3) 49歲〜54歲（每年存入100萬元，現金流出）

可以在12月再買入年繳50萬元台幣的美元6年期保單，6
年後共存入300萬。

每年存入的100萬元，50萬買保險，另外50萬買債券，
所以可以購買6筆50萬元的債券，並且是半年配息，承作的
月份分別是1月份〜6月份，屆時半年配息時，未來每個月份
皆可配息（假設目前長期債券票面配息約5%，50萬配息產生
25,000，故半年配息為12,500）。

• **期末配息**

(4) 55歲〜65歲（被動收入為主，主動收入為輔，讓人生豐富有意義）

55歲後離開正式職場，找自己有興趣及有意義的兼任工
作，並且利用此階段多陪伴家人，尤其是父母親，55〜65歲
的階段可以提供知識、經驗及人生的傳承如專題講座、專業講
師、大學授課、寫書寫作、企業顧問或其它感興趣的工作。另

外空餘時間投入志工、幫助他人及做休閒活動，讓自己人生及生命退而不休，並讓自己身、心、靈處於平衡的狀態。該階段為兼任工作，薪水約25,000～30,000左右，不考量主動收入的話，每個月現金流入如下：

1月現金流入：12,500（海外債）＋10,000（美元定存）＝22,500

2月現金流入：12,500（海外債）＋14,000（金融股現金）＝26,500

3月現金流入：12,500（海外債）＝12,500

4月現金流入：12,500（海外債）＋10,000（美元定存）＝22,500

5月現金流入：12,500（海外債）＋14,000（金融股現金）＝26,500

6月現金流入：12,500（海外債）＋75,000（美元保單）＝87,500

7月現金流入：12,500（海外債）＋10,000（美元定存）＝22,500

8月現金流入：12,500（海外債）＋14,000（金融股現金）＝26,500

9月現金流入：12,500（海外債）＝12,500

10月現金流入：12,500（海外債）＋10,000（美元定存）＝22,500

11月現金流入：12,500（海外債）＋14,000（金融股現金）＝26,500

12月現金流入：12,500（海外債）＋75,000（美元保單）＝87,500

在48歲購入不動產2,000萬的房子出租房子產生的收入約37,000，扣除1,600萬貸款每月利息27,000，仍有10,000固定收入。所以上述在55歲退休後1～12月的現金流入可以再加入10,000，以及退而不休的兼職收入25,000～30,000，這樣的生活是蠻優雅及富足的。

❸ 現金流入說明

- 利用長期債券的穩定配息，每個月產生12,500。

- 每個月除債券穩定配息外，另加入股票現金股利的14,000或美元定存的10,000。

- 6月份及12月份購買6年期美元利率變動型商品（每年繳交50萬元），未來在6年後300萬元2.5%的保單利息75,000，可以在上半年（出國旅遊或是其他重要開銷備援）及下半年（準備過年或其他重要開銷備援）定期檢視生活經濟。

- 購買2,000萬的房子，其出租房子的租金行情約37,000，2,000萬房子的貸款約1,600萬，貸款利率2%的年利息費用為32萬。32萬除上12個月，月利息費用為26,666（約當27,000），因此月收入扣除月支出後仍有10,000的現金流入。

- 若有兼任工作，可以每個月多產生25,000～30,000的現金流入，這樣的收入不屬於被動收入，屬於自己必須主動創造出來的主動收入。

投資心法總結

❶ 了解穩定收益商品之流動性、風險性、門檻性、收益性、期限性及專業性，方能作為投入穩定收益商品的進場準備。

❷ 了解各穩定收益商品的報酬及相關資訊，掌握賣出穩定投資商品的時機。

❸ 動態配置並調整穩定收益商品的金融資產，以獲得長期的配息。

❹ 了解各穩定收益商品的利率風險、信用風險、流動性風險及匯率風險。

❺ 規劃各穩定收益商品在短期、中期及長期的資產配置，以利在各階段創造現金流。

❻ 配置並調整各穩定收益商品的投入金額及投入月份，以創造長期穩健的配息。

❼ 在不同年齡階段及職涯中，投入不同穩定收益商品及投入金額，以創造長期穩健的配息。

❽ 認識穩定收益商品的計價名詞及成本收益。

❾ 利用時差、利差、匯差及價差找出穩定收益商品的投資策略。

Chapter 2

投資
不動產商品

投資不動產商品

本章我們將討論如何利用現有資金在不動產上做投資理財。尤其近來美國聯準會及台灣央行因通膨不斷升息，投資者該不該買房抗通膨以利保值及增值將是本章要探討的重要議題。

然而不動產對投資者來說，不僅有流動性風險、利率風險，還有因為買賣不動產單價及稅率較高的風險。再加上政府啟動一連串的「打炒房」措施，如實價登錄2.0、房地合一2.0、選擇性信用管制，及最近實施的平均地權條例「預售屋禁止轉讓」等措施，都在在打擊投資者的信心。

在這樣的投資環境下，對不動產買賣標的及進出場時間點的評估就更顯重要。本章也將介紹許多可作為投資不動產依據的「不動產的經濟指標」及經濟數據等相關資訊，讓投資者能夠藉由評估未來不動產出租的穩定收入，以及未來的買賣價差，針對是否仍可以投資做深入的探討。

雖然目前因為預售屋換約和轉手有諸多的限制，而降低了投資者購買的意願，但其實買家也可以轉向成屋市場、中古屋市場及商用不

動產的商辦或店面投資，只是投資的槓桿效果沒有預售屋大（因為自備款較高）。在原物料成本高漲下，相信不動產即使面臨較多利空夾擊，仍是具有保值及增值的投資商品。

需注意的是，未來因投資成屋所需要的自備款變高，投資租金報酬率相對變低，導致未來真正影響不動產投資的將是不動產的買賣價差。而買賣價差大小除了受到地點的交通及未來發展所影響外，最關鍵的還是買方是否願意用更高的金額承接。若該地點因單價較高並具稀有性，就會吸引有錢人出高價。所以買進及賣出一間房子的時間點，就是一項非常重要的學問。

接下來，就讓我們先來了解不動產相關專有名詞，以利後續更好的掌握重要資訊。

 ## 專有名詞及市場資訊

❶ 國泰房地產指數

國泰房價指數為國泰建設與政治大學台灣房地產研究中心、不動產界學者合作編製，於每季發布研究成果，主要是針對「**預售及新屋物件**」，為國內房地產主要參考指標之一。

2022年第四季國泰房地產指數為133.06（參考圖1），顯示2022年第四季全台預售屋房市呈現「價漲量縮」，房價仍比前一年持續攀升中。根據國泰房地產指數分析，在通膨、土建融資金緊縮、金融市

場震盪及平均地權條例修法三讀通過等不利因素的影響下，國內買賣雙方對於房地產的價格認知差距逐漸擴大。況且回顧這一年來的變化，經濟展望未見好轉，甚至持續下修，又有利率升息效應、平均地權條例修法上路、總統大選前哨戰等利空因素干擾，未來房市的供給量逐步收縮是可預期的（房價指數資料來源：國泰建設國泰房地產指數）。

圖1：國泰房地產指數（2020Q1～2022Q4）

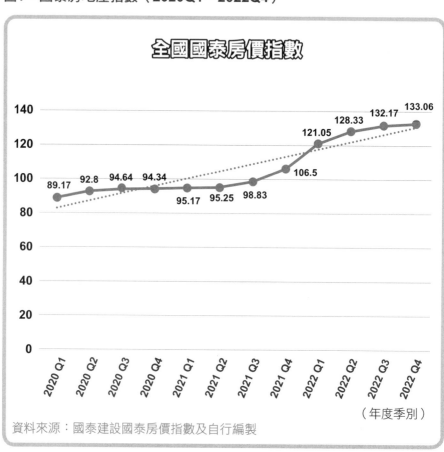

資料來源：國泰建設國泰房價指數及自行編製

❷ 信義房價指數

　　信義房屋與政治大學商學院合作編製，針對**純住中古屋物件**，並排除預售屋及新成屋物件，範圍涵蓋全台各地區交易樣本。

　　2022信義房屋第四季房價指數為142.06（參考圖2），季減少1.7%、年減少7.6%，目前出現連續12季上漲以來的首次下跌，6大都會區中除高雄外全面下跌。信義房屋企研室專案經理曾敬德表示，去年第四季反應股市波動、升息、打炒房政策等因素衝擊，使民眾對房市信心由樂觀轉向趨保守，房價居高不下使部分買方進場觀望，領先指標的預售屋市場買氣銳減，另外中古屋市場也缺乏追價動能[1]。顯現目前已經呈現價量雙跌的趨勢，並且相對預售屋，中古屋的屋主又需要支付較高的自備款，所以目前的市況中古屋更早於預售屋呈現反轉的狀況（房價指數資料來源：信義房屋信義房價指數）。

註1　郭及天（2023，2月11日）。上季房價指數下跌七都僅高雄續漲。工商時報。https://ctee.com.tw/news/real-estate/805973.html

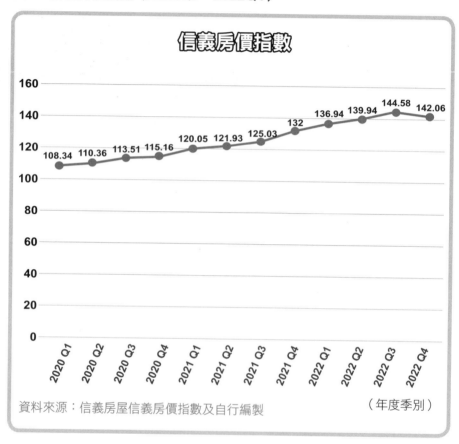

資料來源：信義房屋信義房價指數及自行編製　　　　　　（年度季別）

❸ 租金指數

　　行政院主計總處調查全國房租，編訂消費者物價房租類指數。全國房租類（包括住宅租金及學校住宿費），各區僅為住宅租金。房租指數是反映一定時期內，房屋租金的變動趨勢和變動幅度的相對數，因此房地產租賃價格是指房屋所有人出租房屋使用權所取得租金的價格。

　　根據行政院主計處最新發布112年1月房租類指數為103.04（如下圖3），目前租金指數已經連132個月不跌。若是按照全國區域觀察，南部的租金漲幅約3.08%（如下圖）；中部為2.65%；北部為2.22%，目前租金漲幅最高的地區是南部，是首次漲幅破3%的區域。目前房市雖有降溫，但是近來包含升息、原物料及稅率等因素，讓房東持有成本上升，未來勢必將成本轉嫁給房客，故預期短期內應該很難見到租金下降的趨勢。

圖3：租金指數（111/11～112/01）

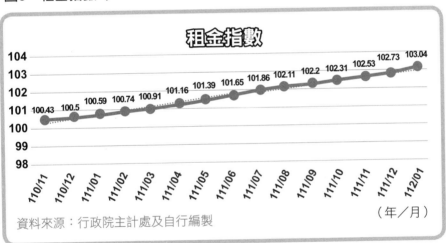

資料來源：行政院主計處及自行編製

　　雖然租金水準不斷的上升，近幾年房價漲幅卻也非常高，導致租金的報酬率反而是下降的。若要升高租金報酬率，勢必要讓房價向下調整才有機會，否則房貸利率已逼近2%，與一般住宅投報率已經相差無幾了。

❹ 房價租金比

房價租金比是指在相同的時間與地區內，同一類別房屋出售總價與年租金的比值（房價÷年租金），房價租金比的比率越高，代表資金回收時間越長。

一般情況下，若要滿足5%～6%的投資回報要求，其房價租金的比值為20～40，如果房價租金比超過40，說明該區域房產投資價值變小，房價高估；如果低於20，說明該區域投資潛力較大，不動產是值得投資的。過去房價租金比，台北市通常都超過40、新北市36、桃園在34、台中以南都是20多，一般來說，房價租金比落在35以下適合考慮用買的，因為數字越大，代表越不能退休，要晚點退休才可以買到房子。

而房價租金比的倒數（年租金÷房價），就稱為租金報酬率。對於買房者來說，透過租金報酬率可以算出現階段的房價是否合理。合理的租金報酬率至少要有3%以上（現階段貸款利率最低為2.06%），根據屋比房屋的統計資料，以北部區域而言，台北市租金報酬率為2.3%、新北市約2.5%、桃園市則為2.7%，均落在勉強可接受的範圍內（表1）。

表1：租金報酬率解讀

租金報酬率	2%以下	2%～3%	3%～4%	4%～5%	5%～
接受程度	不可接受	勉強接受	合理接受	樂於接受	非常接受

資料來源：自行整理

另外，從下圖4可以發現截至112/01止，南部租金成長率最高（3.08%），其次為中部（2.65%）及北部（2.22%），足見租金報酬率在南部的投資上較為值得，其次為中部，北部由於房價較高，所以租金報酬率較低。

圖4：各區租金成長率

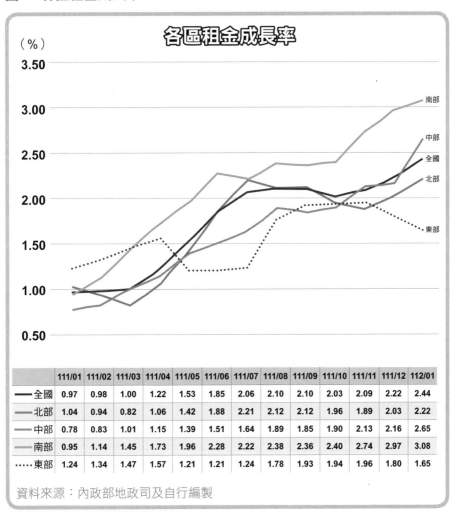

	111/01	111/02	111/03	111/04	111/05	111/06	111/07	111/08	111/09	111/10	111/11	111/12	112/01
全國	0.97	0.98	1.00	1.22	1.53	1.85	2.06	2.10	2.10	2.03	2.09	2.22	2.44
北部	1.04	0.94	0.82	1.06	1.42	1.88	2.21	2.12	2.12	1.96	1.89	2.03	2.22
中部	0.78	0.83	1.01	1.15	1.39	1.51	1.64	1.89	1.85	1.90	2.13	2.16	2.65
南部	0.95	1.14	1.45	1.73	1.96	2.28	2.22	2.38	2.36	2.40	2.74	2.97	3.08
東部	1.24	1.34	1.47	1.57	1.21	1.21	1.24	1.78	1.93	1.94	1.96	1.80	1.65

資料來源：內政部地政司及自行編製

❺ 房價所得比

　　內政部地政司採用不動產成交案件實際資訊申報登錄，以及財政部個人綜合所得稅申報資料，分別統計中位數房價、家戶年可支配所得中位數，再以「中位數房價」除以「家戶年可支配所得中位數」得出房價所得比，比值越大，房價負擔能力就越低。[2]

　　根據Numbeo公布全球2023年房價所得比排名資料，統計的107個國家中，前20名中有14個國家在亞洲，其中香港以44.9倍位居第3，中國34.6倍位居第5，台灣20.1倍位居第16。這表示生活在台灣的人必須要20年才買得起房，對於生活無疑是一項很重的負擔。由於目前處於通膨的環境，所以在房價持續上揚之際，將有更多的人買不起房。

　　截至111年Q3（參考圖5），從內政部不動產資訊平台提供的資料，發現近幾年來房價所得比不斷的上升，其中全國房價所得比為9.8倍，台北市房價所得比為最高（16.2倍），新北市（12.96倍）次之，台中市（11.34倍）第三高。足見在通膨的影響下，房地產的價格更為顯著的上升，使得房價所得比也隨之上升。

註2 財團法人國土規劃及不動產資訊中心（2016）。住宅資訊統計彙報（頁161）。內政部營建署。

圖5：各區房價所得比

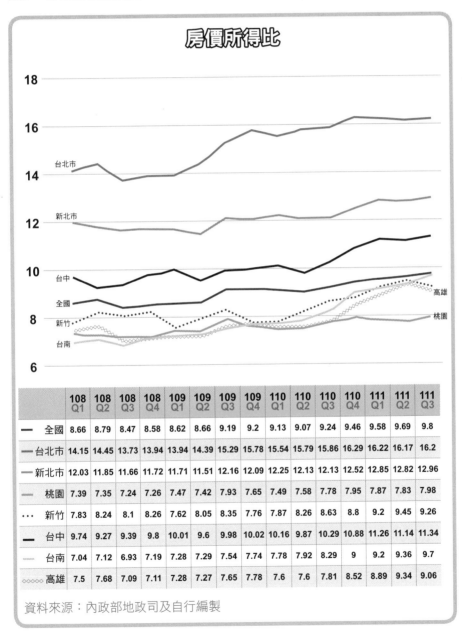

房價所得比

	108 Q1	108 Q2	108 Q3	108 Q4	109 Q1	109 Q2	109 Q3	109 Q4	110 Q1	110 Q2	110 Q3	110 Q4	111 Q1	111 Q2	111 Q3
── 全國	8.66	8.79	8.47	8.58	8.62	8.66	9.19	9.2	9.13	9.07	9.24	9.46	9.58	9.69	9.8
── 台北市	14.15	14.45	13.73	13.94	13.94	14.39	15.29	15.78	15.54	15.79	15.86	16.29	16.22	16.17	16.2
── 新北市	12.03	11.85	11.66	11.72	11.71	11.51	12.16	12.09	12.25	12.13	12.13	12.52	12.85	12.82	12.96
── 桃園	7.39	7.35	7.24	7.26	7.47	7.42	7.93	7.65	7.49	7.58	7.78	7.95	7.87	7.83	7.98
··· 新竹	7.83	8.24	8.1	8.26	7.62	8.05	8.35	7.76	7.87	8.26	8.63	8.8	9.2	9.45	9.26
── 台中	9.74	9.27	9.39	9.8	10.01	9.6	9.98	10.02	10.16	9.87	10.29	10.88	11.26	11.14	11.34
── 台南	7.04	7.12	6.93	7.19	7.28	7.29	7.54	7.74	7.78	7.92	8.29	9	9.2	9.36	9.7
◇◇◇◇◇ 高雄	7.5	7.68	7.09	7.11	7.28	7.27	7.65	7.78	7.6	7.6	7.81	8.52	8.89	9.34	9.06

資料來源：內政部地政司及自行編製

❻ 貸款負擔率

　　內政部地政司採用不動產成交案件實際資訊申報登錄、財政部個人綜合所得稅申報資料庫，以及中央銀行公布五大行庫新承做購屋貸款利率，以「貸款成數的7成、本利均等攤還20年」計算中位數房價貸款月攤還額，再以「中位數房價貸款月攤還額」除以「家戶月可支配所得中位數」得出貸款負擔率，數值越大，房價負擔能力就越低。[3]

　　央行111年連續升息，111年第三季全國房貸負擔率為40.55%，房貸負擔率首度超過4成（參考圖6），其中，台北為67.07%（接近7成）、新北為53.66%、台中為46.96%（接近5成）。房貸負擔率超過50%以上，代表房價負擔能力「過低」；40%至50%為房價負擔能力「偏低」；30%到40%表示房價負擔能力「略低」；而30%以下為「可合理負擔」。

註3　財團法人國土規劃及不動產資訊中心（2016）。住宅資訊統計彙報（頁161）。內政部營建署。

圖6：各區負擔率

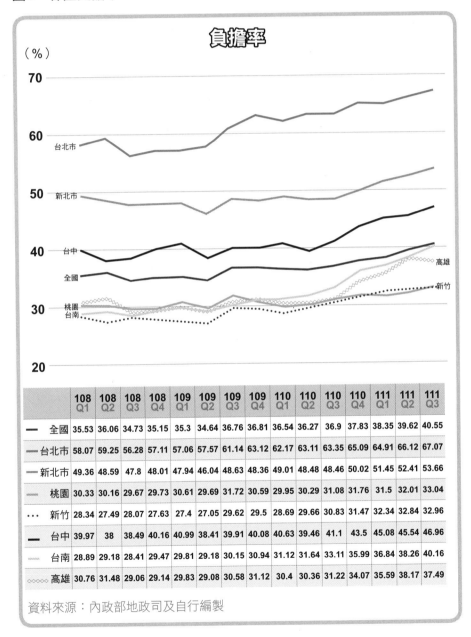

負擔率

（%）

資料來源：內政部地政司及自行編製

	108 Q1	108 Q2	108 Q3	108 Q4	109 Q1	109 Q2	109 Q3	109 Q4	110 Q1	110 Q2	110 Q3	110 Q4	111 Q1	111 Q2	111 Q3
── 全國	35.53	36.06	34.73	35.15	35.3	34.64	36.76	36.81	36.54	36.27	36.9	37.83	38.35	39.62	40.55
── 台北市	58.07	59.25	56.28	57.11	57.06	57.57	61.14	63.12	62.17	63.11	63.35	65.09	64.91	66.12	67.07
── 新北市	49.36	48.59	47.8	48.01	47.94	46.04	48.63	48.36	49.01	48.48	48.46	50.02	51.45	52.41	53.66
── 桃園	30.33	30.16	29.67	29.73	30.61	29.69	31.72	30.59	29.95	30.29	31.08	31.76	31.5	32.01	33.04
··· 新竹	28.34	27.49	28.07	27.63	27.4	27.05	29.62	29.5	28.69	29.66	30.83	31.47	32.34	32.84	32.96
── 台中	39.97	38	38.49	40.16	40.99	38.41	39.91	40.08	40.63	39.46	41.1	43.5	45.08	45.54	46.96
─── 台南	28.89	29.18	28.41	29.47	29.81	29.18	30.15	30.94	31.12	31.64	33.11	35.99	36.84	38.26	40.16
◇◇◇ 高雄	30.76	31.48	29.06	29.14	29.83	29.08	30.58	31.12	30.4	30.36	31.22	34.07	35.59	38.17	37.49

❼ 寬限期

寬限期是指貸款的期限內，申請特定的時間只繳利息，不繳本金之意，也就是「還息不還本」。期限約1～6年不等，寬限期結束，再攤還本金及利息。假設貸款20年，申請到5年的寬限期，是「5年利息＋15年的本金及利息」這樣的還款方式。寬限期較適合以下三種情形使用：

01 現金流不足

02 短期出售的投資客

03 6年後預期未來收入會增加

❽ 貸款還款方式有哪些

• **本息平均攤還**：每年將要貸款的本金和要支出的利息加總平均，然後分攤到每個月的還款金額，如此一來，每月要還的金額就會固定差不多，只有最後一期要繳交的金額較少，由於每月還款金額都固定，對於還款的人比較方便進行財務規劃。

• **本金平均攤還**：本金平均攤還的方式，是把貸款的總金額除以貸款期限，因此初期還款的本金會比較多，利息相對上就可以少付一點，但缺點就是初期的月付金就會比較高，對於很多需要寬限期的小資族來說，就有可能會沒辦法負擔，但越到後期月付金就會越來越少。貸款還款方式比較（表2）及貸款還款方式範例說明（表3）如右。

表2：貸款還款方式比較

繳款方式	本息平均攤還	本金平均攤還
優點	1. 每月還款金額固定， 　財務規劃較方便 2. 初期每月還款金額較低	總利息支出較低
缺點	總利息支出較高	初期每月還款金額較高

表3：貸款還款方式範例說明

範例	以貸款金額1,000萬元，利率1.31%計算， 貸款30年為例			
繳款方式	本金攤還		本息攤還	
第1個月	本金	27,788	本金	22,691
	利息	10,917	利息	10,917
	本利和	38,695	本利和	33,608
第120個月	本金	27,788	本金	25,837
	利息	7,308	利息	7,771
	本利和	35,086	本利和	33,608
第240個月	本金	27,788	本金	29,452
	利息	3,669	利息	4,156
	本利和	31,447	本利和	33,608
第360個月	本金	27,698	本金	33,438
	利息	30	利息	37
	本利和	27,728	本利和	33,475

資料來源：自行編製

房地產投資報酬率如何看？

投報率（報酬率）在房地產投資中可分為2種，其中一種是賺價差的投報率；另一種則是評估該房屋是否值得出租的方式，即是「租金報酬率」。買房前一定先了解報酬率的計算方式，避免掉入買房一定有高報酬率的迷思。以下將介紹在不同情況下，租金報酬率該如何計算。

❶ 年租金（收入）÷房價（本金）

是相對保守也是較適用的投資公式，可明確與其他投資金融商品做比較。

- **在不貸款的情況下：**以作者新店區大坪林捷運站出口附近的房屋為例，坪數30坪總價2,100萬，年租金54萬（月租金4.5萬×12個月＝54萬），在不貸款的情況下，租金報酬率為2.57%（54萬年租金÷2,100萬房價＝2.57%）。

- **在有貸款的情況下：**以作者新店區大坪林捷運站出口附近的房屋為例，坪數30坪總價2,100萬，年租金54萬（月租金4.5萬×12個月＝54萬）。貸款情況如下，貸款8成、利率1.94%，選擇兩年還款寬限期，利息325,920（2,100萬×0.8×0.0194＝325,920），淨收入為214,080（540,000租金收入－325,920利息支出＝214,080）。所以在有貸款情況下，租金報酬率為1.1%（214,080淨收入÷21,000,000房價＝1.1%）。

❷ 租金÷自備款（自備款代替房屋總價）

相對積極，也是投資者常用的投資公式。

以作者新店區大坪林捷運站出口附近的房屋為例，坪數30坪總價2,100萬，年租金54萬（月租金4.5萬×12個月＝54萬）。貸款情況如下，貸款8成，自備款2成（自備款＝2,100萬×0.2＝420萬），利率1.94%，選擇兩年還款寬限期，利息325,920（2,100萬×0.8×0.0194＝325,920），淨收入為214,080（540,000租金收入－325,920利息支出＝214,080）。

所以在此貸款情況下，租金報酬率為5.1%（214,080淨收入÷4,200,000自備款＝5.1%）。

❸ 用內部報酬率法（IRR）評估投報率

前面說明的房地產投資報酬率都是簡單的計算（租金÷房價），未實際考量現金流入及現金流出，也未考慮未來房價的變動對整體投資的影響，更沒有提供各種評估方法（第75頁表4）。

例如預計投資5年，5年後的房價可能樂觀情況下每坪多漲10萬，相當於總價多漲300萬（10萬×30＝300萬）；也可能在悲觀情況下每坪多跌5萬，相當於總價跌150萬（5萬×30＝150萬）。要將上述考量納入計算，我們可以這樣計算：

・在未貸款的情況下，短期收回（5期）

以房屋總價2,100萬，年租金54萬為例。

期初投資	第0期（－2,100萬）	租金收入	第3期（54萬）
租金收入	第1期（54萬）	租金收入	第4期（54萬）
租金收入	第2期（54萬）	租金收入	第5期（54萬）

期末收回（樂觀）

第5期（2,400萬）

＝2,100萬（房價）＋300萬（漲價）

第5期房市樂觀下收入

＝54萬（租金）＋2,400萬（售出房價）＝2,454萬

期末收回（悲觀）

第5期（1,950萬）

＝2,100萬（房價）－150萬（跌價）

第5期房市悲觀下收入

＝54萬（租金）＋1,950萬（售出房價）＝2,004萬

內部報酬率可利用EXCEL計算，方式如下：

=IRR（J3：J8）		
	I	J	K
1	狀態	樂觀（賺錢300萬）	悲觀（賠錢150萬）
2	期數	現金流量	現金流量
3	第0期	-21,000,000	-21,000,000
4	第1期	540,000	540,000
5	第2期	540,000	540,000
6	第3期	540,000	540,000
7	第4期	540,000	540,000
8	第5期	24,540,000	20,040,000
9	IRR	5.15%	1.18%

若未來房價是樂觀的（賺300萬），其內部報酬率為**5.15%**。

若未來房價是悲觀的（賠150萬），其內部報酬率為**1.18%**。

・在未貸款的情況下，長期收回（10期）

以房屋總價2,100萬，年租金54萬為例。

期初投資	第0期（－2,100萬）	租金收入	第6期（54萬）
租金收入	第1期（54萬）	租金收入	第7期（54萬）
租金收入	第2期（54萬）	租金收入	第8期（54萬）
租金收入	第3期（54萬）	租金收入	第9期（54萬）
租金收入	第4期（54萬）	租金收入	第10期（54萬）
租金收入	第5期（54萬）		

期末收回（樂觀）

第10期（2,400萬）

＝2,100萬（房價）＋300萬（漲價）

第10期房市樂觀下收入

＝54萬（租金）＋2,400萬（售出房價）＝2,454萬

期末收回（悲觀）

第10期（1,950萬）

＝2,100萬（房價）－150萬（跌價）

第10期房市悲觀下收入

＝54萬（租金）＋1,950萬（售出房價）＝2,004萬

內部報酬率可利用EXCEL計算，方式如下：

=IRR（F3：F13）		
E	**F**	**G**
1　狀態	樂觀（賺錢300萬）	悲觀（賠錢150萬）
2　期數	現金流量	現金流量
3　第0期	-21,000,000	-21,000,000
4　第1期	540,000	540,000
5　第2期	540,000	540,000
6　第3期	540,000	540,000
7　第4期	540,000	540,000
8　第5期	540,000	540,000
9　第6期	540,000	540,000
10　第7期	540,000	540,000
11　第8期	540,000	540,000
12　第9期	540,000	540,000
13　第10期	24,540,000	20,040,000
14　IRR	3.77%	1.92%

若未來房價是樂觀的（賺300萬），其內部報酬率為**3.77%**。

若未來房價是悲觀的（賠150萬），其內部報酬率為**1.92%**。

結論：若對於房市是樂觀的，建議短期出售（第5年出售IRR為5.15%）；若房市差，則建議長期出售（第10年出售IRR為1.92%）。但通常短期仍會放5年以上，以避開持有5年內交易的高稅率。（房地合一稅，前2年稅率45%，2～5年稅率35%）

• 在有貸款的情況下，短期收回（5期）

以作者新店區大坪林捷運站出口附近的房屋為例，坪數30坪總價2,100萬，年租金54萬（月租金4.5萬×12個月＝54萬）。貸款情況如下，貸款8成，自備款2成（自備款＝2,100萬×0.2＝420萬），利率1.94%，選擇兩年還款寬限期，利息325,920（2,100萬×0.8×0.0194＝325,920），淨收入為214,080（540,000租金收入－325,920利息支出＝214,080）。

期初投資　第0期（－420萬）

租金收入－利息收入＝第1期（214,080）

租金收入－利息收入＝第2期（214,080）

租金收入－利息收入＝第3期（214,080）

租金收入－利息收入＝第4期（214,080）

租金收入－利息收入＝第5期（214,080）

期末收回（樂觀）

第5期（720萬）

＝2,400萬（售出房價）－1,680萬（貸款8成）

樂觀情況下第5期淨收入

＝720萬（售出獲利）＋214,080（租金收入）＝7,414,080

期末收回（悲觀）

第5期（270萬）

＝1,950萬（售出房價）－1,680萬（貸款8成）

悲觀情況下第5期淨收入

＝270萬（售出獲利）＋214,080（租金收入）＝2,914,080

內部報酬率可利用EXCEL計算，方式如下：

	=IRR（F3：F8）		
	E	**F**	**G**
1	狀態	樂觀（賺錢300萬）	悲觀（賠錢150萬）
2	期數	現金流量	現金流量
3	第0期	-4,200,000	-4,200,000
4	第1期	214,080	214,080
5	第2期	214,080	214,080
6	第3期	214,080	214,080
7	第4期	214,080	214,080
8	第5期	7,414,080	2,914,080
9	IRR	15.57%	-2.40%

若未來房價是樂觀的（賺300萬），其內部報酬率為**15.57%**。

若未來房價是悲觀的（賠150萬），其內部報酬率為**-2.40%**。

・在有貸款的情況下，長期收回（10期）

　　以作者新店區大坪林捷運站出口附近的房屋為例，坪數30坪總價2,100萬，年租金54萬（月租金4.5萬×12個月＝54萬）。貸款情況如下，貸款8成，自備款2成（自備款＝2,100萬×0.2＝420萬），利率1.94%，選擇兩年還款寬限期，利息325,920（2,100萬×0.8×0.0194＝325,920），淨收入為214,080（540,000租金收入－325,920利息支出＝214,080）。

期初投資　第0期（－420萬）

租金收入－利息收入＝第1期（214,080）

租金收入－利息收入＝第2期（214,080）

租金收入－利息收入＝第3期（214,080）

租金收入－利息收入＝第4期（214,080）

租金收入－利息收入＝第5期（214,080）

租金收入－利息收入＝第6期（214,080）

租金收入－利息收入＝第7期（214,080）

租金收入－利息收入＝第8期（214,080）

租金收入－利息收入＝第9期（214,080）

租金收入－利息收入＝第10期（214,080）

期末收回（樂觀）

第10期（720萬）

＝2,400萬（售出房價）－1,680萬（貸款8成）

樂觀情況下第10期淨收入

＝720萬（售出獲利）＋214,080（租金收入）＝7,414,080

期末收回（悲觀）

第10期（270萬）

＝1,950萬（售出房價）－1,680萬（貸款8成）

悲觀情況下第10期淨收入

＝270萬（售出獲利）＋214,080（租金收入）＝2,914,080

內部報酬率可利用EXCEL計算，方式如下：

=IRR（E3：E13）		
D	**E**	**F**
1 狀態	樂觀（賺錢300萬）	悲觀（賠錢150萬）
2 期數	現金流量	現金流量
3 第0期	-4,200,000	-4,200,000
4 第1期	214,080	214,080
5 第2期	214,080	214,080
6 第3期	214,080	214,080
7 第4期	214,080	214,080
8 第5期	214,080	214,080
9 第6期	214,080	214,080
10 第7期	214,080	214,080
11 第8期	214,080	214,080
12 第9期	214,080	214,080
13 第10期	7,414,080	2,914,080
14 IRR	9.65%	1.81%

若未來房價是樂觀的（賺300萬），其內部報酬率為**9.65%**。
若未來房價是悲觀的（賠150萬），其內部報酬率為**1.81%**。

　　結論：若對於房市是樂觀的，建議短期出售（第5年出售IRR
為15.57%）；若房市差，則建議長期出售（第10年出售IRR為
1.81%）。

表4：投資不動產的計算方式及評估方式

計算方式	是否貸款	年數	報酬率	評估方式
(1-1) 收入÷房價	否	無	2.57%	保守簡單
(1-2) 收入÷房價	是	皆可	1.1%	保守簡單
(2) 租金÷自備款	是	皆可	5.1%	一般簡單
(3-1) 現金流量計算內部報酬率	否	5	樂觀5.15% 悲觀1.18%	符合實際
(3-2) 現金流量計算內部報酬率	否	10	樂觀3.37% 悲觀1.92%	符合實際
(3-3) 現金流量計算內部報酬率	是	5	樂觀15.57% 悲觀-2.4%	符合實際
(3-4) 現金流量計算內部報酬率	是	10	樂觀9.65% 悲觀1.81%	符合實際

　　上表4統整了前述的所有房地產投資報酬率計算方式，其中(1-1)、(1-2)及(2)都是簡單易懂的，是一般人容易想到且容易計算的，(1-1)及(1-2)是較為保守，而(2)是一般人較常用的，因為是用自備款當作基底計算的，以自備款當作本金的槓桿方式，所以評估報酬率會較(1-1)及(1-2)高。(3-1)～(3-4)的評估方式是有考慮到現金流量的內部報酬率，是較符合實際市場操作的評估方式。透過案例示範評估，我們可以得到結論：樂觀房市應貸款及短期持有（報酬率15.57%），悲觀房市應該採取貸款及長期持有（報酬率1.81%）。

是買房好還是租房好？

建議買房的情形

01 房價租金比小於35，就建議買房。

02 每月要繳的租金除以房貸高於6成以上，就建議買房。

03 房貸不超過收入1/3，就建議買房。

04 房價所得比小於6倍，就建議買房。

❶ 房價租金比小於35，就建議買房

房價租金比超過35，表示要花35年還款，也就是30歲申請到房貸，到65歲還清才可以退休。此年齡雖然剛好符合退休年齡，但建議房價租金比30較為保守，因為還款30年後年紀為60歲，是剛好身體尚可負荷職場壓力大的狀況，若更為保守，則建議房價租金比為25，因為55歲後退休，較可以完成人生第二條曲線及人生下半場的夢想，此時適逢中壯年階段，心靈、精神及身體都處在最佳的階段。房價租金比較高的縣市包含台北為40、新北為36及桃園34，其他縣市都是房價租金比離35較遠的，所以目前就台北市較未符合適合買房的情形。

❷ 每月要繳的租金除以房貸高於6成以上，就建議買房

只要「租金房貸比」高於6成，則表示大半的租金都是在幫房東繳房貸，也就是房客幫房東養房子，此時不妨考慮「轉租為買」，因為幫房東養房子不如自己買房子。舉例來說，月租金2萬元，房屋的貸款是3萬元，租金和房貸相除的比例為66％，此時建議買房子較好。

❸ 房貸不超過收入1/3，就建議買房

基本上建議自備款3成及每月房貸支出不超過家庭總所得的1/3如果你的每月房租超過薪水的3成，建議讀者換房出租，或是可以考慮自己買房，因為薪水超過3成來付房租，不如買1間適合的自己的房子居住。舉例來說，若以雙薪家庭月收入8萬元計算，每月房貸支出建議保持在2萬6千元～2萬8千元間。央行111年連續升息，內政部統計111年第三季全國房貸負擔率為40.55%，房貸負擔率首度超過4成，台北則高達67.07%（接近7成），在如此升息的條件下，要買房真的越來越困難了。

❹ 房價所得比小於6倍，就建議買房

根據世界銀行定義，若房價所得比落在4～6倍間是比較合理及可以負擔的範圍，也就是說，一個家庭用4年到6年所賺的錢就能買得起房屋。目前全國房價所得比為9.8倍，其中台北市房價所得比為16.2倍最高，新北市12.96倍次之，台中市排名第三11.34倍。現在國內最大

問題就是國人全體所得都偏低，沒有太多提升，所以當房價漲得兇，又遇上通膨加劇，國人的痛苦指數只能不斷的創新高。

自備款3成能避免核貸金額不足的情況；寬限期3年內則不會讓後續每月還款壓力過大以及增加利息費用支出；房貸最理想情況下佔收入比3成，能夠保障您不被房貸壓得喘不過氣。333原則是理想的房貸財務規劃，對於貸款的自住者是非常穩健的，只要遵守此原則便能有效把房貸控制在可負擔範圍內。

房價上漲的重要性遠遠大於利率的上升及稅率的調漲

投資不動產的風險主要分為兩個部分：

1 央行的升息　2022年中央銀行利率調漲了4次，2022年底房貸最低利率為1.935%，共調了0.625如下頁表5。

2 房地合一稅的調整　前五年課重稅，重稅從先前2年拉長到5年，如下頁表7〜9及圖7〜8。

① 央行的升息

2022年買賣移轉棟數為31.8萬棟，相較前一年的34.8萬棟，減少了8.6%，顯示房市交易量開始慢慢下降了，尤其是2022年12月份的買賣移轉棟數僅2.69萬棟，比前一年同期的3.64萬棟減少26%。此外，2022年六都建物買賣移轉件數跌幅達9.0%，是六年來首度出現衰退現象，由此可以發現房市在2022下半年已經在減緩了。

目前房貸利率在經過2022年不斷升息後（參考表5），一房是1.935%、二房是2.2%、三房是2.345%，除了利率都在2%上下外，也可發現利息增加不少（參考表6）。由於利率在2%是自用住宅貸款

人的上限，加上房地合一稅2.0（參考表7～9）、國際經濟情勢表現不佳、地緣政治及國內平均地權條例通過，所以投資人勢必觀望，但另外在土地、原物料、人工成本三漲及國內外仍然通膨的環境下，雖然房市量縮，但房價短期間（1年內）仍然是很難向下調整的。

表5：中央銀行重貼現率及房貸利率之調整時間

調整日期	調整幅度	重貼現率	貸款利率
2020/03/20	-0.25	1.125%	1.31%
2022/03/18	0.25	1.375%	1.56%
2022/06/16	0.125	1.500%	1.685%
2022/09/22	0.125	1.625%	1.81%
2022/12/15	0.125	1.75%	1.935%

資料來源：中央銀行及自行整理

表6：試算1,000萬房貸升息前及升息後的月差異及年差異

升息計算	利率	年期	月繳金額	月增加	年增加
升息前	1.31%	20年	47,386(1)	—	—
		30年	33,608(2)	—	—
全年升息 2.5碼	1.935%	20年	50,281(3)	(3)-(1) 2,895	34,740
		30年	36,638(4)	(4)-(2) 3,030	36,360

資料來源：自行整理

❷ 房地合一稅的調整

　　房地合一稅新舊制的最大差異，包含將「境內居住者」的重稅期間從持有2年拉長到5年（如下表7），以及將「非境內居住者」的重稅期間從持有1年拉長到2年（如下頁表8）。

表7：境內居住者房地合一稅新舊制比較

適用稅率	修法前持有期間	修法後持有期間
45%	1年以內	2年以內
35%	超過1年未逾2年	超過2年未逾5年
20%	超過2年未逾10年	超過5年未逾10年
15%	超過10年	超過10年

資料來源：財政部國稅局

圖7：境內個人房地合一稅新舊制比較

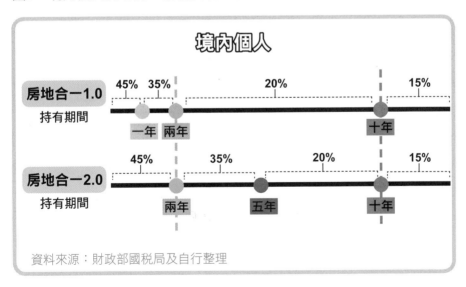

資料來源：財政部國稅局及自行整理

表8：非境內居住者房地合一稅新舊制比較

適用稅率	修法前持有期間	修法後持有期間
45%	1年以內	2年以內
35%	超過1年	超過2年

資料來源：財政部國稅局

表9：境內法人房地合一稅新舊制比較

適用稅率	修法前持有期間	修法後持有期間
45%	無	2年以內
35%	無	超過2年未逾5年
20%	不分持有期間	超過5年

資料來源：財政部國稅局

圖8：境內法人房地合一稅新舊制比較

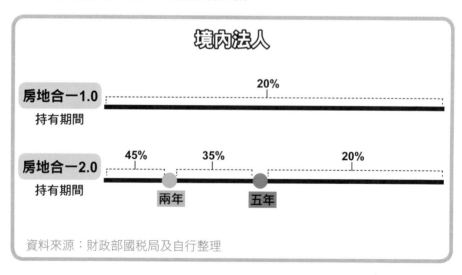

　　房地合一稅2.0在2021年7月1日正式上路後，根據財政部統計資料庫公布顯示，在2021年第四季房地合一稅收，創下房地合一稅自2016年以來單季最高金額，其中個人繳納的房地合一稅更高達76.8億元。另外根據永慶房屋調查過去二年房市炒作風氣（參考下頁表10），發現台北市及新北市在持有不到一年後就立刻轉賣的案件有637件，並且平均每件1年內（短期交易1年房地合一稅課45%）的買賣價差高達15.3%，更有高達39.2%的短期成交案件價差超過2成，並有高達有6%的案件價差超過4成。

　　2022年六都房地合一稅也較2021年增加許多，尤其是新北市（78%）及桃園市（70%）稅收年增率最高，全國年增率也達48.6%（參考下頁表11）。從以上的數據資料顯示，買賣價差的幅度是遠遠高於稅率增加的考量。即使現在利率在2%左右，再加上短期交易課徵35%～45%的重稅，卻仍因為處於原物料高漲及通膨的環境中，使短期獲利仍是投資客的最主要評估方式。

　　在通過平均地權條例後，投資客將會從預售屋的市場轉到成屋或是二手屋市場交易，整體房市投資客的人數也會逐漸變少，持續投資房產的投資客就必然屬於較有實力的投資者（因為馬上要付出頭期款），市場上承接的買方也會是較有實力的（因為也是要馬上付出頭期款）。屆時在新屋市場資訊較為對稱，及買賣雙方都具有高資歷的情況下，其買賣價差勢必逐漸收斂，使未來不動產市場成為較為健康及資訊透明的環境。

表10:雙北地區短期交易佔比(1年內交易)

獲利價差	占比
0%〜9%	30.3%
10%〜19%	30.5%
20%〜29%	21%
30%〜39%	12.1%
40%以上	6.1%

資料來源:永慶房屋及自行整理

表11:2021年及2022年房地合一稅各區稅收

區域	2022年	2021年	年增率
台北市	36.3億元	31.9億元	14%
新北市	52.8億元	29.8億元	78%
桃園市	43.5億元	25.6億元	70%
台中市	74.4億元	50.3億元	48%
台南市	33.2億元	22.6億元	47%
高雄市	50.0億元	36.4億元	37%
全國	365.1億元	245.7億元	48.6%

資料來源:信義房屋及自行整理

景氣復甦的四種型式及
　　如何在房地合一稅中獲利

❶ 一至二年以內復甦：V型

　　V型復甦最大的特色為急遽下降並反彈，是所有復甦型式中最理想的情況。V型復甦描繪在一年以內的復甦情形，意即當面臨兩季衰退後，立刻出現兩季的回升，而在圖形上呈現反彈的效果。如下頁圖9，六都於2016年房地合一稅上路後交易量跌到谷底，再從2017年開始逐步回溫向上，交易量呈現V型反轉。

圖9：台灣六都交易棟數在2016年房地合一稅施行後呈現V型反轉

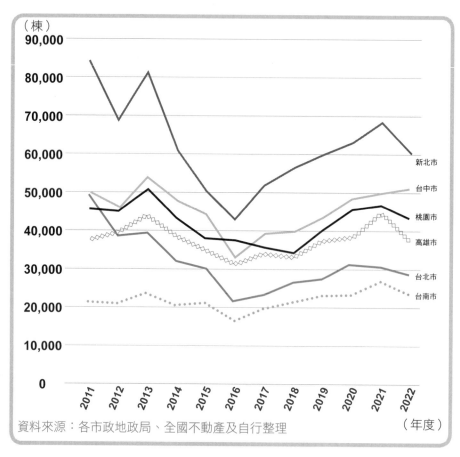

（棟）

90,000

80,000

70,000

60,000 ─ 新北市

50,000 ─ 台中市

40,000 ─ 桃園市
       ─ 高雄市

30,000 ─ 台北市

20,000 ─ 台南市

10,000

0

2011 2012 2013 2014 2015 2016 2017 2018 2019 2020 2021 2022

資料來源：各市政地政局、全國不動產及自行整理   （年度）

　　V型復甦係指在一至兩年內看見房價衰退後又彈升，這將是未來步入退後的最佳復甦劇本。但目前美國升息循環將不會在短期內結束，依據美國聯準會點陣圖中美國最有機會降息的時機發生在2024年上半年。另外，依照過去台灣房市經驗，當政府有重大不動產政策，通常房市交易量便會受到不少影響，如先前平均地權條例通過後，交易量更會逐步減緩。

　　然而在精華地段、企業投資地區或是新建捷運沿線，因該區房產稀缺性以及保值性，則有可能一出現跌價便有購屋人進場，使得特定區域仍維持於高檔房價，因此即使在前2年重稅45%，仍建議出脫賺取高的價差來彌補高的稅率，操作如下圖10。

圖10：V型復甦及房地合一稅操作

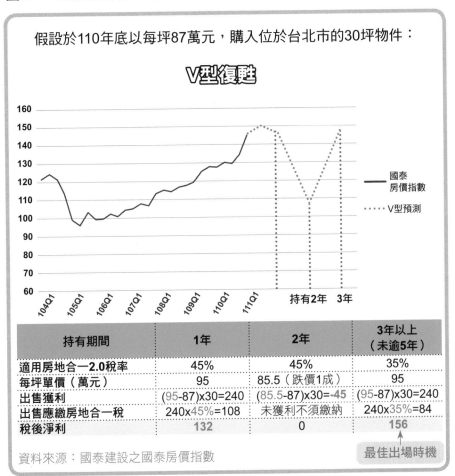

假設於110年底以每坪87萬元，購入位於台北市的30坪物件：

持有期間	1年	2年	3年以上（未逾5年）
適用房地合一2.0稅率	45%	45%	35%
每坪單價（萬元）	95	85.5（跌價1成）	95
出售獲利	(95-87)x30=240	(85.5-87)x30=-45	(95-87)x30=240
出售應繳房地合一稅	240x45%=108	未獲利不須繳納	240x35%=84
稅後淨利	132	0	156

資料來源：國泰建設之國泰房價指數

最佳出場時機

❷ 二至五年復甦：U型

　　U型復甦是指在快速下降後，並未如V型般快速反彈，而是過了一段時間後才恢復到原先的經濟水準。U型復甦用來描繪二至五年的復甦情形，因此在衰退的過程可能須歷經一至二年，才會見到景氣的持續回升。U型復甦相當於拉長V型的衰退及復甦期間，也因此在衰退期間可能伴隨著較為明顯的失業率等。

　　同樣的情況也出現於在台灣103年到108年的房市中（參考圖11），在民國103年時房價推升至高點，政府陸續端出重稅打房，投資客逐步退場，房市交易量指標買賣移轉棟數（灰線）顯著下降。過了約一年後便可以在房價上看到政策效果，國泰房價指數（紅線）在104年達到低點。在後續的2年左右維持交易量縮減、價格維持低檔的情況。從國泰房價指數在103年到108年的走勢可以看到一個明顯的U型，直至107年左右才進入U型的上升段。

圖11：台灣房市103年～108年呈U型復甦

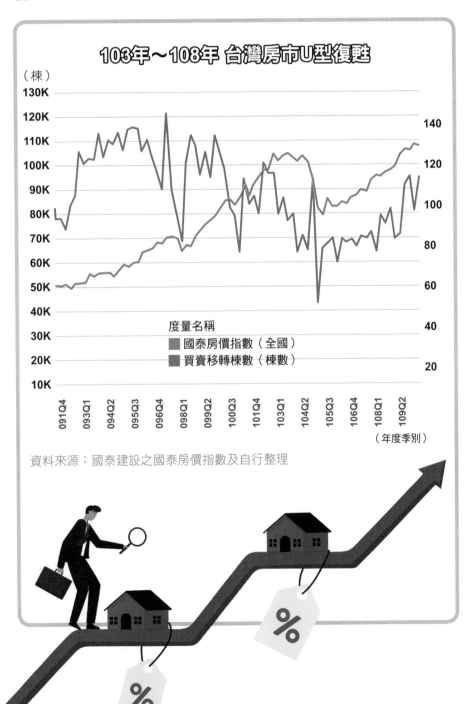

資料來源：國泰建設之國泰房價指數及自行整理

❸ 快速反彈快速衰退：W型

　　W型復甦描繪經歷了衰退、邁入復甦後，又再度進入衰退最後才迎向復甦的過程。區間波動是其特徵之一，也可以視為是V型復甦的變體，在V型復甦上升段間又加上了一個V型，也因此被稱為雙底復甦。W型復甦因其波動的特性，不利於市場的投資者，且復甦可能持續數年才回到先前的經濟水準。

　　美國在1978～1983年歷經了W型經濟復甦（參考圖12），在1980陷入第一次衰退，而隔年則出現復甦，但到1982年又再度陷入衰退後才正式重回復甦的軌道。W型復甦並沒有明確的時間界定，但在該情況下將經歷不只一次的衰退，也因此復甦期間將長達數年。

圖12：美國1978～1983年GDP成長率

資料來源：世界銀行及自行整理

　　當預期房市將進入W型復甦時，對於自住客的投資影響不大，但投資客就須特別注意手中的房產是否仍要繼續持有。建議持有較不具保值性、議題性的房產在2023年中前快速獲利了結。若仍抱持著觀望態度或是為了避免房地合一稅重稅期，則須小心在W型期間波動，建議第一次落底回升後就把握時機出場，否則將有可能經歷第二次跌價，錯失最佳行情。

　　此外，當預期房市不確定性高時，投資預售屋時也須特別注意。預售屋相當於期貨，買的是未來兩至三年的成屋。若投資缺乏題材、位於蛋白甚至蛋殼等預售屋，未來交屋時則可能剛好進入W型衰退，要有好的脫手時機才可能得等到進入下個上升循環，可參考下圖13。

圖13：美國1978～1983年GDP成長率

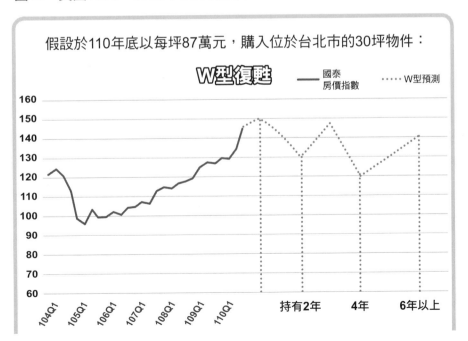

持有期間	1年	3年	4年	6年以上 （未逾10年）
適用房地 合一2.0稅率	45%	35%	35%	20%
每坪單價 （萬元）	95	85.5 （跌價1成）	80.75 （跌價1.5成）	95
出售獲利	(95-87)x30=240	(85.5-87)x30 = -45	(80.75-87)x30 = -187.5	(95-87)x30=240
出售應繳 房地合一稅	240x45%=108	未獲利 不須繳納	未獲利 不須繳納	240x20%=48
稅後淨利	132	0	0	192

最佳出場時機　　　市場波動
至少經歷兩次落底　　　重回行情
再出場

國泰房價指數資料來源：國泰建設

 ## 房價倒掛及進場時機重點整理

在一般情況下，預售屋的價格會比新成屋或中古屋高，而當預售屋的價格比新屋便宜，甚至比中古屋價格便宜時，就可稱為房價倒掛。以下整理造成房價倒掛的成因，與投資人應對房價倒掛的最佳策略。

❶ 平均地權條例通過，新增預售屋不得換約轉售之規定及私法人購屋許可制，將影響房價。

❷ 房市量縮會帶動價跌。

❸ 房市蛋白區開始領跌，將會擴大影響蛋黃區緩跌。

❹ 投機客從預售屋轉向新屋及中古屋。

❺ 新舊房價恐陷入倒掛走勢，預售屋的價格比新屋便宜，甚至比中古屋價格便宜的現象，此現象就稱為房價倒掛。

❻ 重劃區由於量體較大，所以蛋白區的重劃區最容易產生房價倒掛的狀況。

❼ 總括而言，重劃區或蛋白區或重劃區的蛋白區，將會看到房價陸續開始鬆動，而導致房價緩慢下跌。

❽ 未來預售屋價格會開始領跌新成屋的價格，新成屋價格會引導中古屋的價格下跌。

❾ 預售屋及新屋賣不掉時，因大量持有人為法人（建商），中古屋大量持有人為個人，基於未來預期心理的心態，當法人無法抗拒未來不動產的反轉時，法人（建商）將開始讓利引導房價下跌，個人的預售屋、新屋及中古屋也將從觀望開始產生讓利。

❿ 建議讀者及投資不動產的投資者，慢慢等待就是最好的投資時機及投資計劃。

未來投資不動產將會從投機客轉為投資客

掌握不動產的未來投資趨勢，才能找到進出場的最佳時機。以下整理未來不動產的投資趨勢及轉變。

❶ 投資不動產不能短視近利，要從長遠置產的角度看，因仍有資產增值的空間。

❷ 該不動產要有生活機能、交通機能、教育機能及未來建設的話題。

❸ 投資不動產短期要看租金的報酬率，長期要看資產增值的價差報酬率。

❹ 記住，投資不動產看的是不動產的資本利得（房屋價差），而不是不動產的租金報酬。

❺ 不動產交易量會從資訊較不對稱的預售屋，轉到資訊較為對稱的新屋及中古屋。

❻ 未來投資不動產會從口袋淺的投資客，轉化成口袋較深的投資客，讓不動產市場未來更為健全。

❼ 投資預售屋要選擇有建設性、稀有性及中價位（2,000萬～3,000萬以上）的房屋，才有房子增值的空間，並讓該客群有實力願意出價。

❽ 投資新屋、中古屋要預期長期投資及出租收益的可能性較高，以及未來是否有都市更新的話題可產生價差報酬。

買房如何利用槓桿投資？

假設一間房子價值1,000萬，兩成首付200萬買下，槓桿率5倍，之後房價漲20%是1,200萬，漲幅200萬。

> **漲幅20%×5倍槓桿率＝100%投資報酬**
>
> **（1,200萬－1,000萬）÷200萬＝100%投資報酬**

從上述投資房地產案例中，我們可以利用銀行槓桿能力爭取高的銀行融資，並可利用租金報酬獲得現金流，並利用租金報酬繳交房貸利息。操作方式如下：

① 利用寬限期只繳交房貸利息，最多可以申請到5年。

② 利用租金報酬繳交房貸利息。

③ 申請6成～8成的財務槓桿，6成～6.5成為低度，6.5成～7成為中度，7成～8成為高度。

④ 利用長天期的繳款方式，通常房屋貸款期限為20～40年，可以利用40年期繳交房貸。

⑤ 財務槓桿建議不要超過5倍，也就是貸款不要超過8成，財務槓桿維持在2倍貸款（5成）～5倍貸款（8成）間。

⓺房地產的獲利關鍵為保持槓桿，建議保持槓桿的方式有兩點，第一點為資產增值（經濟環境好）；第二點為持續償還貸款（經濟環境不好）。利用上述方式保持財務槓桿投資獲利。

⓻投資獲利的前提，是必須先找到金額2,000～3,000萬之間的良好標的物。

　　舉例來說，購入一間2,000萬的房子，30坪，租金45,000，貸款8成（利率1.95%）的情境下，可以利用寬限期及租金報酬繳交利息，待寬限期滿，繼續用租金報酬繳交本息攤還。

情境一：貸款8成，申請5年寬限期，5年後房價上漲。前5年租金可抵減利息，即使5年後等待上漲出售，租金仍可以大致抵減40年本息攤還，可參考下表。

情境一：1,600萬貸款，分為只繳利息及40年本息攤還

期數	租金收入	利息	40年本息攤還
1	45,000	26,000	48,032
2	45,000	26,000	48,032
3	45,000	26,000	48,032
4	45,000	26,000	48,032
5	45,000	26,000	48,032
6	45,000	26,000	48,032

7	45,000	26,000	48,032
8	45,000	26,000	48,032
9	45,000	26,000	48,032
10	45,000	26,000	48,032
11	45,000	26,000	48,032
480	45,000	26,000	48,179

情境二：貸款8成，申請5年寬限期，5年後房價上漲。前5年租金可
抵減利息，5年後等待房價上漲，租金加上薪水（58,740－
45,000＝13,740）方可抵減30年本息攤還，可參考下表。

情境二：1,600萬貸款，分為只繳利息及30年本息攤還

期數	租金收入	利息	30年本息攤還
1	45,000	26,000	58,740
2	45,000	26,000	58,740
3	45,000	26,000	58,740
4	45,000	26,000	58,740
5	45,000	26,000	58,740
6	45,000	26,000	58,740
7	45,000	26,000	58,740
8	45,000	26,000	58,740
9	45,000	26,000	58,740
10	45,000	26,000	58,740
11	45,000	26,000	58,740
360	45,000	26,000	58,670

投資心法總結

❶ 從國泰房地產指數、信義房價指數及租金指數,了解不動產市場的現況及各縣市不動產的買氣及價量的狀況。

❷ 從房價租金比、房價所得比及房貸負擔率,了解各縣市投報率及各地區的投資潛力,另需在投資不動產前,評估個人的負擔所得,以利提高平日的生活品質。

❸ 房地產投資報酬率如何看,投資不動產所看的是價差的報酬率而非租金報酬率。

❹ 掌握投資不動產的計算方式及評估方式有哪些、每種的評估方式各有何種優缺點,選擇適合自己的計算方式及評估方式,以利選擇投資標的及投資計劃。

❺ 房市樂觀時應採取短期貸款,並透過買賣價差賺取高的報酬率;房市悲觀時則採取長期貸款,利用長期出租扣抵貸款利息,以利等待房價高點時機出脫,賺取房價資本利得。

❻ 判斷應該買房子好還是租房子好,可以利用各種房地產指標來解析。

❼ 我們可利用房屋貸款333法則,如期達成個人理想的房貸財務規劃。

⑧ 我們必須要有所認知，房價上漲的重要性遠遠大於利率的上升及稅率的調漲。

⑨ 認識及了解不動產所在的景氣循環階段，就依然可以在房地合一稅中獲利。

⑩ 「平均地權條例」通過後，未來投資不動產市場，將會從投機客轉為投資客。

⑪ 妥善利用房價倒掛時，找出進場好時機，另找出出場好時機賺取房價資本利得。

⑫ 買房必須知道如何利用槓桿投資，如申請寬限期最多5年寬限期、高成數（8成）及40年本息攤還等方式，租金收入短期除了可扣抵房貸利息費用外，過了寬限期後，長期仍可利用租金收入大致扣抵40年本息攤還，此時是升息階段的利率，若是降息階段是絕對可扣抵的（升息前利率是1.31%）。

⑬ 若是財力較好的投資人，是可以選擇30年本息攤還的方式，或是貸款成數7成的情況。但30年本息攤還時，原租金收入不夠支應30年本息攤還，必須加上部分薪資方可扣抵。雖選擇負擔較重的方式，但卻可以省不少貸款的利息費用。

Chapter 3

投資
股票商品

投資股票商品

　　存錢是累積金錢，存股是累積股利，其中股利包括現金股利及股票股利，買高股息的ETF存股是投資股票的一種獲利方式。投資股票可以是股票買進與賣出的價差，也可以是公司分配盈餘後所獲取的股利和股息，因此讀者必須清楚自己想要的是什麼、自己買的是什麼，如此才能對自己的投資負責。

　　由於本書強調是利用各種不同投資工具獲得穩定收益，所以該章並不討論短線進出交易所賺得的資本利得，僅討論存股所獲取的每年配息。因為每年配息可以創造穩定現金流，而這樣的被動收入，不僅能為我們帶來安全感，更可以讓我們在未來獨立自主、不仰賴他人。

　　適合存股的股票，必須是過去穩定連續發放現金股利，有穩定的每股盈餘，並且股價波動性小的。通常上述類股大都屬於金融類股，金融類股都能穩定配發股利，這也代表該金融業除營運穩定外，獲利來源都是本業經營的。

　　然而想要配到上述的現金股利，就必須知道該股票要何時交易，並注意該公司是否可以在短時間內完成填息，這是因為能夠完成填

息,才是可以真正賺到該公司的現金股利的(後續會有詳細說明)。另外該股票的買進價格也必須是合理的,唯有合理的價位才可以為存股族長期持有,並長期產生被動收入。

本章後續會教讀者利用本益比算出股票合理的價格,再利用合理的價格算出一個合理的投資報酬率。金融股大多符合5%左右的殖利率目標,股票股利還原後,有些金融股甚至有超過7%以上的殖利率。本章除介紹金融類股外,也會提供一樣擁有穩定配息及股價波動小特性的其他類股資訊,供讀者參考。

接下來,就讓我們先來了解股票相關專有名詞,以利後續更好的掌握重要資訊。

 ## 專有名詞一覽

❶ 除權息

就是公司將盈餘分配股票股利、現金股利給股東。除權息完後,股價往往會往下修正,後續股價若順利漲回除權息前的價格,其過程就稱為填權息。在除息股票停止過戶前買進股票的投資人,因為有在股東大會的名簿上登記,所以投資人就能領取各公司所發放的股息。除權為分配股票股利時的交易,並且在分配股票股利時都訂有一個「除權基準日」,投資人要在該日以前買進該股票,才可以獲取該股票股利。

❷ 現金殖利率（殖利率）

殖利率＝現金股利÷股價。也就是把股票當存款，將每年分配的「現金股利」算作利息，將買進時的股票價格當作本金，把利息除上本金就是報酬率，也就是把錢拿去買股票，每年能收到的利息。

❸ 面額

股票票面上所印製的金額，於民國六十八年規定股票面值統一改為十元，就是一般通稱的現行股票面額。

❹ 成交價

指買方想要買進股票的價位與賣方賣出股票的價位相同，並且經過電腦撮合而成交時的價位。

❺ 成交值

將所成交的成交量乘上股價等於成交值。

❻ 成交量

某一檔股票在交易日所成交的股數。

❼ 最低價

當天股票交易之成交價格中最低的價格。

❽ 最高價

是當天股票成交各種不同價格中，最高的價格，最高價的成交筆數可能是一筆，也可能是一筆以上。

❾ 主動投資

投資者透過自己「選擇好的標的」和「選擇好的時機」，藉此能創造比整體市場加權平均（指數）更好的績效。

❿ 被動投資

投資者不做任何投資的研究，並且能持有整體市場上的所有投資標的，因此可以獲得和整體市場經濟成長一樣的效果。

⓫ EPS（每股盈餘）

某家公司在某一段時間內的獲利除以在外流通的股數，也就是說每1股賺多少錢。

存股的篩選條件

存股標的的篩選條件可歸納為以下六點：

1 穩定配息超過至少**5年以上**。

2 每年配息**波動不能太大**。

3 現金殖利率至少**5%以上**。

4 盈餘分配率至少**60%以上**。

5 股價**波動小**，可以**安心持有**。

6 股價可以分為50元含以內的，
當作**核心股票**，
另外50元～100元間當作**衛星股票**。

❶ 穩定配息超過至少5年以上

通常金融股及高配息的ETF配息較穩定，且波動幅度小，深受長期穩健投資型的投資人喜愛。另外ETF簡便的交易方式和低廉的管理費用更是廣受投資人偏愛。

❷ 每年配息波動不能太大

每年都有穩定配息是必要的條件，因為不希望該被動收入是有波動的，或是某一年不配息的。其中金融股的華南金（2880）及合庫金（5880）等官股金控，價格相對穩定。

❸ 現金殖利率至少5%以上

該股票之現金股利或是高配息ETF的殖利率，是貼近5%或是以上的。其中金融類的兆豐金（2886）、合庫金、華南金、玉山金、元大高股息ETF（0056）等，皆符合本項篩選條件。

❹ 盈餘分配率至少60%以上

盈餘分配率是指公司願意拿多少比例的盈餘出來發給股東，建議該檔股票之盈餘配息率必須達60%或是60%以上，所以該檔股票是成熟且配息穩定的，非處於成長的，而盈餘發放方式則是配發現金股利。如金融股之兆豐金（2886）就是盈餘分配率達60%以上的。

❺ 股價波動小，可以安心持有

　　金融股大多為獲利較為穩定的大公司，投資風險較低。金融股除發放現金股利是穩定的，另在股價波動性也屬於偏低的，尤其官股的金融股更是如此。股價波動小，才不會賺了股利賠了股價。

❻ 股價可以分為50元含以內（核心型股票）及50～100元（衛星型股票）

　　如下表1為五個不同金融股的各項指標整理。

表1：111年已公布的金融股之各項指標

股名	富邦金	國泰金	兆豐金	玉山金	第一金
編號	2881	2882	2886	2884	2892
6/16股價	61.9	53.7	36.15	29.50	26.40
殖利率(%)	6.46	6.52	4.56	4.54	4.55
合計股利	4.0	3.5	1.65	1.34	1.20
盈餘分配率(%)	32.03	33.85	87.30	87.01	78.95
110年EPS	12.49	10.34	1.89	1.54	1.52
連續配息次數	12	12	20	15	17
10年平均EPS	6.0	4.63	1.95	1.51	1.44
10年平均配息率(%)	39.6	53.1	73.7	85.5	85.5

　　高股息投資目前已經蔚為台灣投資的風潮，所以不論個股或是ETF，配息與殖利率水準越來越受現在投資人的重視，尤其高配息的ETF不僅為被動式管理，其買賣的交易稅為0.1%，是股票交易稅（0.3%）的三分之一，加上穩定配息及波動度較低，目前已經成為投資者喜歡的投資標的。下表2是保守型兼具高股息且低波動的ETF。

表2：2022年各種高配息ETF的比較

代號	0050	0056	00878
EFT簡稱	元大台灣卓越50	元大高股息	國泰永續高股息
發行日期	2003/06/25	2007/12/13	2020/07/10
配息頻率	半年配息	年配1次*	每季
平均殖利率	4%	8.13%	5.08%
成分因子	由台灣市值前50大公司組成	挑選出未來1年預測現金股利殖利率最高的50檔股票	是國內唯一兼具「ESG」與「高股息」30檔股票的ETF

註：元大高股息（0056）於2023年改為季配息

現金股利的發放流程

要順利領到現金股利，就必須先知道要在何時交易才能領到現金股利。以下將以國泰金為例，來看現金股利的發放流程：

❶ 股東會公告日期：

國泰金股東會日期為2022/6/17。

❷ 除權息交易日：

今年國泰金除權息交易日為2022/7/4，所以最晚只要在2022/7/4收盤前持有股票，就能參與除權息，所以在2022/7/3買進國泰金股票就可以分配到國泰金的股票股利或現金股利。

❸ 最後過戶日：

由於台股是買賣股票後的2個交易日才會完成股票交割（T＋2），所以在2022/7/3買進股票，過戶的日期（T＋2）為2022/7/5。

❹ 停止過戶起始日期：

國泰金於最後過戶日隔天開始確認符合除權息資格的股東名單，此時可以交易，但過了此期間才能交割與過戶。所以2022/7/5為最後過戶日，隔天（2022/7/6）為停止過戶起始日。

❺ 停止過戶截止日期：

為了方便一些時間清點造冊，會有一段時間停止過戶，例如國泰金於2022/7/6～2022/7/10為停止過戶的時間，停止過戶的時間也包括假日，2022/7/10為停止過戶截止日期，這段期間投資人仍可以正常交易買賣，但必須過了截止日才能完成交割與過戶手續。

❻ 除權息基準日期：

在「停止過戶」期間的最後一天，又被稱為「除權息基準日」，國泰金今年除權息基準日在2022/7/10，因此在2022/7/10日以前被列入股東名冊的投資人，就能夠領取現金股利。

❼ 現金股利或新股發放日：

2022年國泰金發放現金股利的日期為2022/8/1，所以現金股利在「現金股利發放日」當天就會入帳，因此有參與國泰金的投資人，在2022/8/1當天就會收到股利，以下提供流程圖（圖1）及時程表（表3）整理國泰金發放現金股利的流程。

圖1：國泰金發放現金股利流程

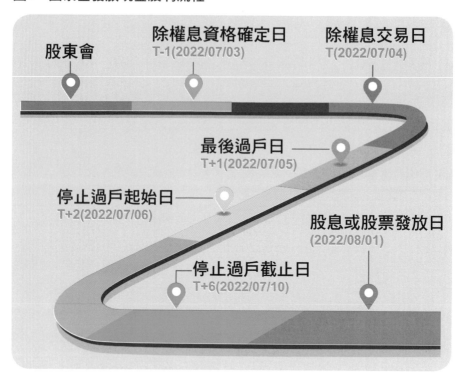

表3：國泰金發放現金股利時程表

星期	日	一	二	三
日期	7/3	7/4	7/5	7/6
除息日程	最後買進日期	除息交易日期	最後過戶日期	停止過戶起始

四	五	六	日	一
7/7	7/8	7/9	7/10	8/1
停止過戶期間	停止過戶期間	停止過戶期間	除息基準日期	現金股利入帳

股票核心衛星策略

股票的投資可以根據自己的風險接受度以及報酬率需求,規劃不同的核心衛星配置策略,配置方式主要可歸納為以下五項重點觀念:

1 核心股票風險小,穩定收益,
適合長期持有。

2 衛星股票風險較大及收益較多,
適合短期持有。

3 結合核心股票(被動投資)及衛星股票
(主動投資)配置。

4 建構**80%**的核心配置及**20%**的衛星配置。

5 以股價波動小,現金股利發放穩定為主。

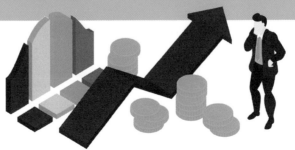

❶ 核心股票

核心股票（被動投資）的特性是波動較小、風險較低、適合長期投資的資產，如中華電信、台塑、及國泰金等波動小、現金殖利率高，且穩定配息的股票。

❷ 衛星股票

衛星股票主動投資的特性是股利波動較大、風險較高、適合短期持有的股票，且最好隨時動態調整，如半導體或電子股等股價波動較大的股票。

❸ 結合80%核心股票及20%衛星股票配置

核心持股就是盡量抱著穩健的股票不動，如國泰金、富邦金、兆豐金、中信金、元大金等金融股，就是每年能領安穩的現金股利，另外股價波動小，未來有機會可賺股票的資本利得。衛星持股就是股利波動較大，好的時候可以配發現金股利較多，不好的時候股利發放就會較少。此外，衛星股票股價的波動也較大，如遇股價較高時機，就建議賣掉賺價差，而不是繼續持有獲取股利。

❹ 以股價波動小，現金股利發放穩定為主

以金融股為主，金融股發放現金股利較為穩定，且金融股股價波動小。

表4：核心股票及衛星股票的風險程度及資產配置

風險程度	核心股票（被動投資）	衛星股票（主動投資）
無風險	100%	0%
低風險	80%	20%
中風險	60%	40%
高風險	20%	80%
極高風險	0%	100%

　　本章選擇投資股票係以投資穩健的現金股利為主，故建議讀者以殖利率5%左右的核心股票，及殖利率為6%～10%左右的衛星股票作為配置。核心股票若有報酬率5%左右的現金股利建議長期持有；衛星股票6%～10%的現金股利則建議短期持有，建議短則1至2年（2年合計報酬率超過20%以上），若遇股價上漲超過20%以上，也可立刻賣掉並重新調整持有另一股票。

　　讀者若對股票完全沒研究，也對財金投資領域不是很清楚或是沒時間的話，就建議0%衛星資產、100%核心資產，也就是純被動投資即可。若對股票稍有研究或有信心時，還是建議讀者採取保守中風險配置，配置60%之核心股票（被動投資）及40%衛星股票（主動投資）。

投資人買進股票前務必了解的事

在買進股票前必須先了解該公司的股利政策及發放股利情形：

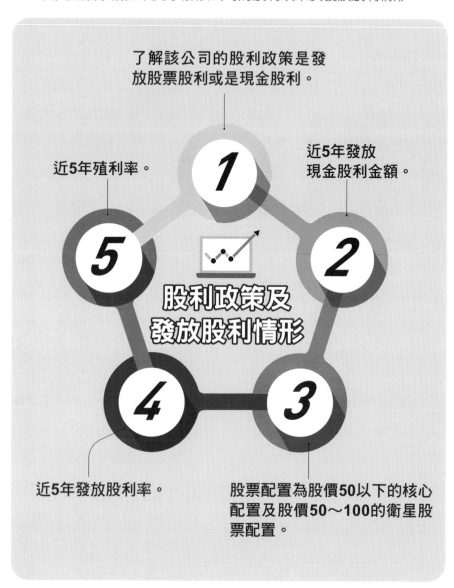

了解該公司的股利政策是發放股票股利或是現金股利。

近5年發放現金股利金額。

近5年殖利率。

股利政策及發放股利情形

股票配置為股價50以下的核心配置及股價50～100的衛星股票配置。

近5年發放股利率。

表5：2018～2022年各金融股現金股利配息率及殖利率之一覽表

代號名稱	2881 富邦金控	2882 國泰金控	2886 兆豐金控	2891 中信金控
EPS(1) 現金股利(2) 配息率(3) 除息前股價(4) 殖利率(5) 2018年	5.29元(1) 2.3元(2) 43.5%(3) 53.2(4) 4.33%(5)	5.14元(1) 2.5元(2) 48.6%(3) 55.6(4) 4.5%(5)	1.91元(1) 1.5元(2) 78.5%(3) 27.35(4) 5.49%(5)	1.99元(1) 1.08元(2) 54.3%(3) 21.5(4) 5.03%(5)
EPS(1) 現金股利(2) 配息率(3) 除息前股價(4) 殖利率(5) 2019年	3.82元(1) 2元(2) 52.4%(3) 46.1(4) 4.34%(5)	2.96元(1) 1.5元(2) 50.7%(3) 43(4) 3.49%(5)	2.13元(1) 1.7元(2) 79.8%(3) 31.1(4) 5.47%(5)	1.77元(1) 1元(2) 56.5%(3) 21.6(4) 4.63%(5)
EPS(1) 現金股利(2) 配息率(3) 除息前股價(4) 殖利率(5) 2020年	6.01元(1) 2元(2) 33.3%(3) 43.9(4) 4.56%(5)	4.96元(1) 2元(2) 40.3%(3) 41.85(4) 4.78%(5)	1.71元(1) 1.7元(2) 99.4%(3) 32.35(4) 5.26%(5)	2.2元(1) 1元(2) 45.5%(3) 20.9(4) 4.79%(5)
EPS(1) 現金股利(2) 配息率(3) 除息前股價(4) 殖利率(5) 2021年	10.28元(1) 3元(2) 29.2%(3) 85(4) 3.35%(5)	7.4元(1) 2.5元(2) 33.8%(3) 60.3(4) 4.15%(5)	2.17元(1) 1.58元(2) 72.8%(3) 33.05(4) 4.79%(5)	2.53元(1) 1.05元(2) 41.5%(3) 22.8(4) 4.61%(5)
EPS(1) 現金股利(2) 配息率(3) 除息前股價(4) 殖利率(5) 2022年	9.43元(1) 3.5元(2) 37.1%(3) 59.2(4) 5.92%(5)	7.92元(1) 3.5元(2) 44.2%(3) 49.7(4) 7.05%(5)	1.89元(1) 現金1.4元 配股25元／百股(2) 74.1%(3) 37.2(4) 現金3.77% 股票0.25% 合計4.02%(5)	2.54元(1) 1.25元(2) 49.2%(3) 23.45(4) 5.34%(5)

註：(3)配息率＝(2)現金股利÷(1)EPS
　　(5)殖利率＝(2)現金股利÷(4)除息前股價

兆豐金控（2886）和中信金控（2891）在近5年現金股利及配息率、殖利率及股價波動上皆屬於穩健之金融股。

表6：2018～2022年各金融股除息前股價之波動性

金控	除息前股價 2018	除息前股價 2019	除息前股價 2020	除息前股價 2021	除息前股價 2022	股價波動度%
富邦金控	53.2	46.1	43.9	85	59.2	16.52%
國泰金控	55.6	43	41.85	60.3	49.7	7.95%
兆豐金控	27.35	31.1	32.35	33.05	37.2	3.55%
中信金控	21.5	21.6	20.9	22.8	23.45	1.04%

❶ 在表5中可以發現兆豐金控除息前股價，近五年皆在30元～40元區間內，且股價逐年遞增，具有資本利得的價差空間，並且除息前股價波動性（表6）也相對偏低，只有3.55%。

❷ 中信金控除息前股價近五年在20元～30元區間內，且股價也如同兆豐金控逐年遞增，同樣具有資本利得的價差空間，並且除息前股價近五年股價波動性偏低，只有1.04%。

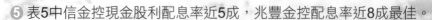

❸ 表5中信金控現金股利配息率近5成，兆豐金控配息率近8成最佳。

表7：其他類股（如電子類、塑膠類等之股利發放、配息率及殖利率）

公司名稱 證券代號	中華電 2412	冠德 2520	台塑 1301	統一 1216
類股	電子類	營造類	塑膠類	食品類
2016 EPS	5.16	1.49	6.19	2.56
現金股利	4.94	1.1	4.6	2.1
配息率	95.8%	73.8%	74.3%	82%
殖利率	4.46%	5.84%	4.47%	3.04%
2017 EPS	5.01	0.7	7.76	7.01
現金股利	4.80	0.5	5.7	5.5
配息率	95.7%	71.4%	73.5%	78.5%
殖利率	4.52%	5.37%	4.95%	3.58%
2018 EPS	4.58	1.03	7.78	3.07
現金股利	4.48	1	5.8	2.5
配息率	97.8%	97.1%	74.6%	81.4%
殖利率	4.31%	2.34%	5.09%	6.98%
2019 EPS	4.23	2.6	5.86	3.35
現金股利	4.22	1.5	4.4	2.5
配息率	99%	57.7%	75.1%	74.6%
殖利率	4%	3.63%	5.05%	3.1%
2020 EPS	4.31	6.8	3.15	3.79
現金股利	4.30	2.4	2.4	2.7
配息率	99%	50%	76.2%	71.2%
殖利率	3.63%	4.61%	5.03%	3.54%
2021 EPS	4.61	6.47	11.21	3.5
現金股利	4.60	2.5	8.2	2.7
配息率	99%	38.6%	73.1%	77.1%
殖利率	3.73%	6.48%	2.36%	3.81%
2022 EPS	4.7	4.31	5.68	3.02
現金股利	4.7	1.75	4.2	3.15
配息率	100%	40.6%	73.9%	104%
殖利率	3.54%	8.34%	7.63%	3.95%

資料來源：台灣股市資訊網（Goodinfo）。https://goodinfo.tw/tw/index.asp

表8：其他類股除息前股價及股價波動度

年度	中華電 除息前股價	冠德 除息前股價	台塑 除息前股價	統一 除息前股價
2017	109.5	20.5	93	58.8
2018	111.5	21.45	112	78.8
2019	112	27.55	115	80.8
2020	116.5	32.55	87.6	70.7
2021	115.5	43.8	102	70.9
股價 波動	2.92%	9.52%	11.80%	8.67%

資料來源：台灣股市股票資訊網（Stockinfo）。https://stockinfo.tw/

❶ 從上表8可發現，電子類的中華電信（2412），EPS及現金股利發放率非常穩健，配息率高達9成以上，除殖利率在4%左右外，近五年股價慢慢穩定成長，波動度也小至2.92%左右。故中華電信之投資人除可以領取穩定配息外，也能獲取股價波動小的資本利得，因股價在100元上下，故是值得投資的衛星型股票。

❷ 從上表8可發現，營建業的冠德（2520），EPS及現金股利發放率穩健，殖利率接近5%上下，冠德近五年股價波動度在9.52%，股價是有穩定的成長，並且股價在50元以下，是值得投資的核心型股票。

❸ 從上表8可發現，塑膠類台塑（1301），EPS及現金股利發放率非常穩健，配息率在75%左右，且殖利率在5%左右，近五年股價慢

慢穩定成長，波動度在11.8%左右。故台塑之投資人可以領取較穩定的配息，並且股價波動是因近年來環境變化稍大而造成股價稍震動。由於台塑股價在100元上下，故仍是值得投資的衛星型股票。

❹ 從上表8可發現，食品類的統一（1216），EPS及現金股利發放率非常穩健，配息率在75%左右，且殖利率在3.5%～4%左右，近五年股價皆慢慢上下穩定成長，波動度也控制在8.67%左右。故食品類統一的投資人除可領取穩定的配息，由於其股價波動不高，未來股價應可穩定成長賺取資本利得，且因統一股價在50元～100元之間，故仍是投資人值得投資的衛星型股票之一。

　　中華電信在電信業為龍頭，通話及通訊是日常生活中之必需品；冠德建設在建設業也算是龍頭等級類股，且建設類也屬於日常生活中之住的類別；台塑屬於塑膠類，生產纖維、石化、煉油及能源等產品，在日常生活中包括了衣及行等類別，在塑膠業屬於龍頭股等級；統一屬於食品類龍頭股，統一提供之商品皆屬我們日常生活中食的必需品。綜上所述，以上幾檔股票除了是提供我們日常生活必需品的公司，更是各該類股之龍頭，故該類股票所提供的穩定收益，是我們可以放心長期投資的。

應該發放股票股利，還是現金股利？

　　過去常探討到底哪一種公司之股利政策比較適合投資人投資該公司？通常如果是屬於成長期發展，需要營運資金的公司，會為了保留現金偏好發放股票股利，但是如果該公司獲利穩定則會採用現金股利發放居多。由於現在台灣的投資人偏好高股息的現金股利，所以也較偏好發放現金股利的公司。

　　過去的經驗上，公司對於未來的展望，倘若預期悲觀時，通常會保留一些現金以面對未來的不確定性，因此會股息發放得少。也因此反映企業內部對未來看法是悲觀的，投資人對股價當然也是持負面看法。以下為過去上市公司發放現金股利及股票股利後，公司的股價變化。

表9：2004～2014年台灣股票上市公司股利發放及投資狀況

連續配息年數	樣本數	1年後平均報酬(%)	虧損50%以上	虧損20%以上	獲利50%以上	獲利100%以上
今年跟去年都沒發	548	6.2	4.9%	27.4%	10.8%	3.5%
過去穩定發放，僅今年沒發	100	6.3	3.0%	23.0%	10.0%	1.0%
連續發3年以內（含沒發）	1599	6.1	3.4%	23.5%	9.9%	2.7%
連續發超過3年	2115	11.8	1.0%	15.2%	11.5%	2.6%
連續發超過8年	1308	13.8	0.6%	11.9%	11.7%	2.1%
連續發超過12年	356	19.6	0.6%	4.8%	11.5%	2.2%

資料來源：穩定配息的股票，風險明顯降低，虧損50%以上的機率不到1%。
2018年1月28日。市場先生。https://rich01.com/501-2/

我們可以從表9資料中,發現以下現象:

❶ 連續發放穩定配息的公司,有降低風險的趨勢,且連續發放12年配
息的風險<連續發放8年的風險<連續發放3年的風險。

❷ 未發放股利的公司風險較高,其中又以連續3年未發放的公司風險最
高。

❸ 過去公司曾穩定配息,但若有一年公司沒配息,其未來的績效有可
能會轉差。

❹ 連續配息3年或3年以上的公司,公司後來虧損50%以上的機率將降
為1%。

❺ 根據上述數據可以發現,有沒有配發現金股利,很有可能會影響到
市場上的行為,甚至影響股價。

表10：2004～2014年台灣股票上市公司股利發放及投資狀況

	檔數	1年後平均漲幅(%)	下跌50%以上	下跌20%以上	上漲20%以上	上漲50%以上
所有股票	5583	10.7	4.0%	22.0%	12.3%	3.8%
現金股利+股票股利	1209	5.4	3.6%	23.6%	9.4%	2.6%
只發股票股利	112	2.9	5.4%	21.4%	7.1%	1.8%
只發現金股利	2549	11.6	1.5%	17.4%	11.6%	3.0%
不配股不配息	1712	13.7	7.9%	27.7%	15.8%	6.0%

資料來源：成長股怎麼判斷？成長股會發放股票股利，但是……。2021年6月1日。市場先生。https://rich01.com/blog-post_19-2/

我們可以從表10資料中，發現以下現象：

❶ 不配股及不配息，在下跌50%以上比率為7.9%；下跌20%以上為27.7%，在風險表現上最差。其次為只發股票股利，分別是下跌50%以上為5.4%，及下跌20%以上為21.4%。但不配股不配息在一年後平均漲幅比率為最高，漲幅高達13.7%，此結果說明不配股不配息的股利政策，對於投資人為高風險及高報酬的投資結果，對於穩定配息的投資人是一大風險，所以投資前務必保守視之。

❷ 只發現金股利在下跌50%以上比率為1.5%；下跌20%以上為
17.4%，在風險表現上最佳，但在一年後平均漲幅比率上為次高，
漲幅高達11.6%。對於穩定配息的投資人來說，股市在空頭上風險
最佳，在多頭績效表現上表現次佳，此結果說明只發放現金股利的
政策，對追求穩定配息的投資人來說，是最好的投資策略，符合所
期待的投資結果。

　　對於公司股利發放政策，我們可以歸納出以下重點：

| 1 成長型公司 | 成長型的公司發放股票股利，成熟型的公司發放現金股利。 |
| 2 配發現金股利的公司 | 通常穩定配發現金股利的公司，其股價高於配發股票股利的公司。 |

領了股息卻賠了股價？
賺錢的關鍵在「填息」！

❶ 現金股利和股票股利是什麼？

公司獲利後，通常會把獲利和股東分享，如果發放現金給股東，就叫做現金股利，俗稱「配息」；如果發放股票給股東，就叫做股票股利，俗稱「配股」。由於配息配股會對公司的股價造成影響，這樣的過程就是除權息。除權息有一個參考價，説明如下：

> ### 除息參考價＝除息前一日收盤價－現金股利

舉例：國泰金6/23除息，每股發2元現金，6/22收盤50元，除息參考價＝50－2＝48，代表6/23的平盤價會是48元。

$$除權參考價＝\frac{除權前股價}{（1＋股票股利÷10）}$$

舉例：如果國泰金6/23除權，配股2元，6/22收盤50元，2元股票股利÷10元面額＝20%，1張國泰金1000股×20%＝200股，除權參考價＝50÷1.2張＝41.7元，代表6/23的平盤價會是41.7元。

❷ 為什麼除權息日當天股價會跌？

除權息日當天股價跳空下跌其實不是真的跌，實際上投資人手中股票價值沒有減少。除息後股價會下跌，是因為公司將現金從保留盈餘提出，發放現金股利給投資人，使股東權益減少，所以股價必須修正。而除權則是在現今總額不變的情況下，配發股票股利給投資人，使發行總股數增加，故每股價格因此下修。

$$除權息參考價 = \frac{（除權息日前一日收盤價－現金股利）}{（1＋股票股利÷10）}$$

例如，國泰金公司除權息交易日收盤價為30元，配發1.5元現金股利及0.5元的股票股利，則國泰金除權息參考價的計算方式為（30－1.5）÷（1＋0.5÷10）＝27.14元。

❸ 填息是什麼？

填息就是國泰金股價發放現金股利（配息2元現金）後，漲回除息前的價格。填息的「填」可以把它當作「填補」的意思，也就是除息後再把它填補回去的概念。

如果股票之股價能夠順利回到先前「除權息日前一天的股價」，則代表該股票有順利完成「填權息」。也就是該股票在完成填權息後，該股票之股價在沒有價格變動下，投資該股票之投資人有額外領到所發放的股票股利及現金股利，也是靠領股息賺錢的關鍵！

❹ 填息天數要如何計算？

填息需要的天數，是指該股股價經過幾天漲回除息前的價格，通常填息價格越快的股票，代表該公司能越快額外賺到配息的錢或該公司有許多利多訊息。因此許多投資人在研究個股投資時，該股的填息天數是非常重要的參考指標之一。舉例來說，如果國泰金在發放股利2元的過程中，從除息後花費了10天上漲回50元，則填息天數就是10天。

填息天數有兩種算法：「最高價」和「收盤價」（通常看收盤價）。

1	以**最高價**來計算	除息之後經過幾天，盤中的最高價有漲回除息前一天的價格。
2	以**收盤價**來計算	除息之後經過幾天，盤中的收盤價有漲回除息前一天的價格。

表11：2003～2022年國泰金股利政策及平均發放統計

股利政策	平均股利	平均填權息天數	平均殖利率	最高殖利率	最低殖利率
現金股利	1.66	87天	3.31%	4.21%	2.76%
股票股利	0.16	133天	0.35%	0.46%	0.29%

現金股利及股票股利如何計算

在前面的章節中，我們了解了什麼是現金股利、什麼是股票股利，也初步了解了公司配發股利政策的差異與影響。現在，我們就來看投資人最關心的「配息究竟可以賺多少？」，也就是股利的計算。

可領取的現金股利＝持有股數×配發金額

可領取的股票股利＝
持有股數×（配發金額÷股票面額10元）

如果投資人想要方便計算股票股利，直接用所持股數乘以配發金額後，再乘以0.1即可（配股1元÷股票面額10元）。

舉例來說，國泰金配發2元的股票股利及1.5元的現金股利，當小廖持有這間公司的股票（如持有1,000股），參加除權及除息後，小廖總共會領到多少股票股利及現金股利？

現金股利＝持有1000（股）×1.5元＝1500元
股票股利＝持有1000（股）×（配股2元÷股票面額10元）＝200股

本書中所討論的投資工具都是以穩定配息為主，當然本章中投資股票也是以現金股利為考量的重點，也就是說你能夠定期領到一筆利息（現金股利），靠「領取現金股利」來打造一筆穩定的被動收入。所以找尋定存股，第一步就要確定這家公司是否年年配息，以及配息是否穩定。國內電信業龍頭中華電信及金融股國泰金、富邦金及兆豐金都是投資者定存股的口袋名單，讀者可以在「Goodinfo！台灣股市資訊網」中找到該股的股利政策及配發情形。

　　而通常公司決定要發放股票股利還是現金股利，最主要的考量在於當時是否有現金的需求（如投資擴建廠房及購買機器），所以大部分會發放股票股利給投資人，也就是代表經營者對於公司未來的營運是相對樂觀及積極的。

配息率是什麼？如何計算？

❶ 配息率

代表該公司願意將賺的錢拿出多少比例來配發給股東，發放股利。舉例來說，國泰金每股盈餘是10元，將其中5元當股利發給股東，配息比例就是5元÷10元＝50%。其中沒有配息的有5元，就是保留盈餘，可留作日後公司金融數位發展之用。

$$配息率＝每股股利÷每股盈餘（EPS）×100\%$$

❷ 殖利率

又稱為現金殖利率，代表以投資人買進時的股價，能得到多少比例的現金股利。舉例來說，國泰金股價50元，現金股利為2.5元，殖利率就是2.5元÷50元＝5%。所以國泰金股票的報酬率為5%，高於銀行所存的定存。

$$殖利率＝現金股利÷股價×100\%$$

❸ 現金配息率

公司該年度所獲利的錢，有多少的比例會發放現金給股東。舉例來說，今年度國泰金每股盈餘是10元，將其中5元當作現金股利發放給股東，現金配息率就會是5元÷10元＝50%。

$$現金配息率 = \frac{每股現金股利}{每股盈餘（EPS）} \times 100\%$$

❹ 股票配息率

又可稱為股利分配率、股息發放率，指的是一間公司願意把賺到的錢，拿多少比例出來分配股票股利給股東。投資人可以觀察公司過去數年配息比例是否穩定，以及配息的持續性，來估計該公司未來配發的狀況。舉例來說，今年度國泰金每股盈餘是10元，將其中10元當作股票股利發放給股東，股票配息率就會是10元÷10元＝100%。

$$股票配息率 = \frac{每股股票股利}{每股盈餘（EPS）} \times 100\%$$

利用本益比算出該類股的合理價

最後，在投資股票前，仍須考量股價的合理性，並判斷合適的買進時機，才能讓投資獲得符合我們預期的報酬。以下將以三項判斷步驟說明：

➊ 找出合理的產業

金融股因獲利穩定及穩定的配息，故常為存股族的首選投資標的。由於每年金融業皆會有穩定且優渥的配股及配息，所以長期下來能夠累積不錯的報酬率，並且金融業風險較低，股價波動也相對較小，故投資金融業，除投資風險較低外，更擁有穩定的配息。

➋ 找出合理的金控或銀行

金融股可以依據政府是否有持股，分為「公股」與「民營」兩個種類。金融股中也可分為金控及銀行，目前台灣上市櫃的金控共有15家，分別是國泰金、富邦金、華南金、開發金、玉山金、元大金、永豐金、台新金、新光金、國票金、兆豐金、中信金、第一金、日盛金和合庫金。

➌ 算出該銀行合理的價格

我們可以利用本益比算出該金控或是銀行合理的價格及投資報酬率，其說明及計算方式如下。

表12：投資股票之合理價格及買進時機

價格說明	報酬說明	買進價格
便宜價(1)	超額報酬(10%)	股利×10的價格
追求價(2)	追求報酬(5%)	股利×20的價格
接受價(3)	接受報酬(3.33%)	股利×30的價格
最高價(4)	最低報酬(2.5%)	股利×40的價格

- **便宜價**：若該股股票的現金股利或股票股利，其報酬率合計可以發放在10%或10%以上，可以視該股票目前價格偏低，故可以便宜買進，如該股票發放現金股利2元時，則該股票的便宜價格為2×10＝20元。

- **追求價**：若該股股票的現金股利或股票股利，其報酬率合計可以發放在5%或5%以上，可以視該股票目前價格較低，故可以追求買進。因為該股票的穩定收益若在5%或5%以上，就是本書中提到報酬率可以在5%以上合理的追求價，是我們投資人應該要接受且追求的，因此當該股票發放現金股利2元時，該股票的追求價格為2×20＝40元。

- **接受價**：若該股股票的現金股利或股票股利，其報酬率合計可以發放在3.33%或3.33%以上，可以視該股票目前價格可以接受的，故仍可以買進。因為該股票的穩定收益雖不在5%或5%以上，但

必須考量該股票是否因股票價格較高而造成報酬率下降，此時應考量賺取資本利得出場，或是長期收取固定收益3.33%以上，因為在3.33%以上是合理的接受價，投資人仍可以接受，所以當該股票發放現金股利為2元時，該股票的接受價格應為2×30＝60元。

- **最高價：**若該股股票的現金股利或股票股利，其報酬率合計可以發放在2.5%或2.5%以上，可以視該股票目前價格較高，必須審慎考量是否買進，因為仍然必須考量該股票是否因價格較高而造成報酬率下降，此時必須考量是否立即賺取資本利得馬上出場，或是保守考量因打敗定存仍可以持有，所以如該股票發放現金股利2元時，該股票的最高價格應為2×40＝80元。

投資心法總結

❶ 決定股票殖利率（報酬率）的兩個因素為高股利及低股價，我們所追求高股利必須是穩定的發放，低股價不是股價低，而是成熟型公司的穩定股價，是股價穩定成長的公司，股價波動不大。

❷ 存股是為了領取穩定的配息及創造現金流，而不是追求買賣價差大的結果，即使是買賣價差也屬價差小的結果，因為我們所追求的是穩定報酬及低風險的績效。

❸ 填息比殖利率高更為重要，讀者千萬不要為了追求高報酬而得到高風險，我們追求是穩定的殖利率，並將殖利率設定目標為5%左右，但該公司股價是可以在發放現金股利後很快填息完成的，如此合理的殖利率及穩定的成長股價才是我們所追求的目標。

❹ 存股篩選條件為：
- **穩定配息超過至少5年以上。**
- **每年配息波動不能太大。**
- **現金殖利率至少5%以上。**
- **盈餘分配率至少60%以上。**
- **股價波動小，可以安心持有。**

❺ 該章所提供的股票投資策略，是穩定的金融股配息及高股息低波動的ETF，或是其他類股的低波動及穩定配息，我們所追求的是穩定的現金流。

❻ 投資股票前除要深入了解該產業及該公司外，也必須了解該公司的股利政策及配息率高低，以獲取穩定的現金流。

❼ 建立股票核心及衛星投資策略及配置，視投資人的風險屬性在無風險、低風險、中風險、高風險及極高風險的屬性條件下做配置。

❽ 投資人必須了解該公司的股利政策及發放股利狀況，以利評估該公司的獲利能力、發放股利率及股價波動性。

❾ 應該選擇發放股票股利，還是現金股利好？根據過去資料顯示，選擇發放現金股利對未來股價較具正面影響。

❿ 必須充分了解該股票填息天數是幾天，才能找到穩健的填息及穩定的配息。

⓫ 投資人必須了解現金股利及股票股利如何計算，以推估除權息的股價。此外，必須了解配息率如何計算，以利了解是否可能在獲得配息後賠了資本利得。

⓬ 利用本益比算出該類股的合理股價，並找出投資股票之合理價格及買進時機。

投資
債券商品

投資債券商品

本章我們將討論如何利用現有資金或是質借，在債券商品上做投資理財，除了傳統上的債券型基金外，也可以是特金債或是金交債的商品，在本章後續內容會加以說明。

一般來說，債券的總報酬風險比股票低很多，本金到期的風險也偏低，所以通常在最好的情況下，都是到期拿回本金。不過，在債券的購買上仍建議選擇高評等的債券（如美國國庫券、政府債券、高評等公司債）。此外，到底該選每月都配息的基金（或是每季或半年配），還是買累積型的（就是配息再自動滾入，買進同一檔基金單位），端看每個人投資的目的、資金多寡、年齡及生活現況而定。

近來美元保單宣告利率雖衝上3.8%，但保單宣告利率畢竟是浮動的（不確定的）。現因美國聯準會（Fed）接連升息，使今年美元優存最高可達近5%（銀行提供1年期定存4.8%），海外債更有5%～7%高息。相較之下，穩健保守的投資人將選擇穩健的海外公司債，而紛紛將到期的儲蓄險，改投資不必綁約的公司債及改存美金定存3年（利率接近4%）。

海外債除了可以獲得穩健配息，近來經濟環境變差還有可能因為降息而獲得資本利得，故一檔穩健的公司債會是一項不錯的投資選擇（配息＋資本利得）。

提醒讀者除了注意債券的票面利率、當期殖利率、到期殖利率及存續期間外，也需要觀察該家公司的信用評等。買債券就是在公司不倒、不違約的情況下，可以賺利息，然後等債券到期時拿回本金。舉例來說，海外債如台積電（2330）是國人們都知道的公司，該公司的國際名望及經營狀況等同是無信用風險的公司，故買到台積電海外債除了可以穩定配息外，也可以等到聯準會降息後，又再賺資本利得，真是一舉兩得。

本章後續將會提供案例及範例供讀者了解，另外本章也將帶讀者了解投資債券須具備的金融常識，如相關專有名詞等內容，幫助讀者獲得長期穩定收益。

債券是什麼？

債券是債券持有人借錢給公司或政府（發行人）的一種貸款。借款人（發行人）必須定期支付利息給債券持有人，直到將來某個約定的日期，借款人必須償還當初約定好的借款金額給債券持有人。債券借款人（發行人）償還給債券持有人的最後一筆錢稱為「本金」，債券發行人所支付的利息稱為「票券利息」（票券利息有半年付1次或是一年付1次的）。

舉例來說，台積電發行10年期公司債，票面利率5%，面額100,000，到期償還本金。阿傑持有台積電債券，台積電每年須支付100,000×5%＝5,000元利息給阿傑，直到十年後債券到期，台積電歸還阿傑100,000元。

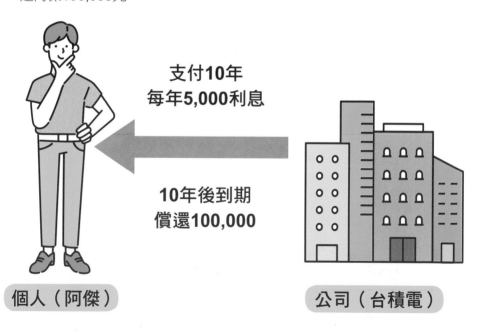

支付10年
每年5,000利息

10年後到期
償還100,000

個人（阿傑）　　　　　　　公司（台積電）

專有名詞及債券分類

❶ 利率的計算

- **票面利率**：指在債券發行條件上，必須記載債券發行機構支付給債券持有者的條件（支付利息）。國內債券的票面利率通常以固定利率為主，其次為浮動利率。通常債券的票面利率越低（支付利息少），債券價格的變動性也就越大，如在市場利率上升時，票面利率較低的債券，會因為票面利率低於市場利率，較沒有吸引力，導致價格將下降較快；而票面利率較高的債券，則會因為票面利率高於市場利率，較有吸引力，使其價格上升幅度較大。

票面利率＝固定配息÷債券面額

假如有一張債券，面額是1,000元，固定配息是50元，那麼每年投資人的票面利率就是50÷1,000＝5%，另外投資人在債券到期時將會拿回本金1,000元。

- **當期殖利率**：當期殖利率是配息除以當前的債券價格（也就是當前買入該債券的價格），假設現在債券價格1,000元，配息50元，其持有最近一期所能得到的收益率就是50÷1,000＝5%。但是債券必須考量債券市場價格的變動，也就是當債券價格改變時，其

當期殖利率也會隨之改變，如債券價格上升到1,250，其當期收益率就是50÷1250＝4%。當期殖利率只考量到了目前的收益，沒有考量到期時拿回本金的損益，所以並不是投資人參考的指標。

當期收益率＝固定配息÷買入價格

• **到期殖利率**：到期殖利率，顧名思義就是計算從買入債券到債券到期為止的投資報酬率，將債券買入時的價格、未來可領取的利息，以及持有到期後拿回多少本金都納入考量，來推算出投資人的年化報酬率，又可稱為債券殖利率。

$$到期殖利率＝\frac{[固定配息＋（賣出價格－買入價格）]}{買入價格}$$

假如有一張債券兩年到期，買入價格是1,000，固定配息是50元，最後到期本金拿回1,100，其到期殖利率為[50＋50＋（1100－1000）]÷1000＝20%（總共取得兩次利息各50及資本利得100）。

❷ 依債券的發行單位分類

1	**公債**	政府發行的債券。
2	**國債**	中央政府發行的債券。
3	**地方債**	地方政府發行的債券。
4	**公司債**	公司發行的債券。
5	**金融債**	金融機構發行的債券。

❸ 依債券的期間分類

01

短期公債
（T-bill）

一年內到期。

02

中期公債
（T-note）

二至十年到期。

03

長期公債
（T-bond）

十至三十年到期。

❹ 依債券的票面利率分類

- **固定利率債券（Fixed Rate Bonds）**：債券票面利率固定，因此投資人每次收到的債券利息都是固定的。

- **浮動利率債券（Floating Rate Note）**：債券的票面利率會根據當前市場利率的變動調整，通常會參考倫敦銀行同業拆借利率（LIBOR）、美國國庫券等短期利率作為基準利率，每月或每季隨基準利率調整。

❺ 依債券付息分類

- **付息債券**：付息債券會依照票面載明的支付利息方式來支付利息，可能為每月、每季、每半年或每年支付固定利息或浮動利率利息，並在債券到期時支付票面金額。

- **零息債券**：債券採折價發行（以低於票面金額的價格發行），持有零息債券的期間並不會獲得任何利息，到期時支付票面金額。

❻ 信用評等

信用評級一般可分為兩類：主體信用評級和債券信用評級。在1975年美國證券交易委員會SEC認可標準普爾、穆迪、惠譽國際為全國認定的評級組織，信用評等的組織必須被要求資訊具有中立、可信與易懂等特性，該特性是可以對國家、銀行、債券及上市公司等進行信用的評等，以評估未來的信用狀況或未來償債的能力，因此能夠做

為投資人做投資決策及風險考量的指標。

　　對於本章債券投資人來說，最常用來參考的就是這三家機構的債券信用評等。對於標準普爾（Standard & Poor's）而言，若是評級在BBB（含）以上為投資等級，以下則為投機等級；對於穆迪投資者服務公司（Moody's Investors Service）而言，若是評級在Baa（含）以上為投資等級，以下的則為投機等級。惠譽國際信用評等公司（Fitch Ratings）的評級則和標準普爾（Standard & Poor's）相同，若是評級在BBB（含）以上為投資等級、以下的則為投機等級。三家評級組織的等級對照可參考下表1整理。

表1：標準普爾、穆迪、惠譽投資等級及投機等級對照表

評等公司	標準普爾	穆迪	惠譽
投資等級	AAA	Aaa	AAA
	AA+	Aa1	AA+
	AA	Aa2	AA
	AA-	Aa3	AA-
	A+	A1	A+
	A	A2	A
	A-	A3	A-
	BBB+	Baa1	BBB+
	BBB	Baa2	BBB
	BBB-	Baa3	BBB-
投機等級	BB+	Ba1	BB+
	BB	Ba2	BB
	BB-	Ba3	BB-
	B+	B1	B+
	B	B2	B
	B-	B3	B-
	CCC+	Caa1	CCC+
	CCC	Caa2	CCC
	CCC-	Caa3	CCC-
	CC	Ca	CC
	C	C	C

資料來源：標準普爾、穆迪、惠譽及自行整理

❼ 存續期間

　　存續期間和債券的到期時間不同，是指投資人持有債券的平均回本時間。債券在到期後，投資人可以拿到票券面額，但是付息債券在到期之前每年都可以拿到利息，有固定現金流入，所以其實投資人是可以在債券到期日前回本的（存續期間小於到期年限）。舉例來說，若一檔債券的存續期間為5年，代表投資人必須花5年才可以拿回投資本金。透過存續期間，我們可以判斷債券對利率的敏感度：

★ 存續期間越長，利率風險越高
★ 存續期間越短，利率風險越低

　　所以當市場利率上揚時，不要挑存續期間長的債券投資（債券價格跌得更多）。

❽ 債券必須提供投資者的必要資訊

1	票面金額	發行機構於到期日支付投資人的特定金額（債券價值多少）。
2	票面利率	投資人可以領取到的利息（如票面利率5%）。
3	付息期間	債券多久給付一次利息（通常每半年或是每1年）。
4	到期期間	債券到期日期（如金融債券最短不得低於2年，最長不能超過20年）。

債券的市場價格與殖利率、
市場利率呈反向變動關係

　　當市場利率上升時，債券價格會下跌；相反的，若是市場利率下跌時，債券價格會上升。債券的價格與市場利率之所以會呈反向變動關係，是因為當市場利率持續下跌時，先前已經發行的債券及債息（票面利率）相對較高的債券就會顯得更吸引人，這時候該債券的價格就會上升，甚至會高過債券的發行面值，以致於新的投資者通常要以高於面額的價格買入該檔債券（溢價買進）。當這檔債券到期時，投資者僅會收到等同於債券面值的本金償還金額，因而產生資本利損。所以當債券價格攀高時，新的投資者會因買入債券成本較高，使得其「殖利率（投資報酬率）」較先前下降；反之亦然。

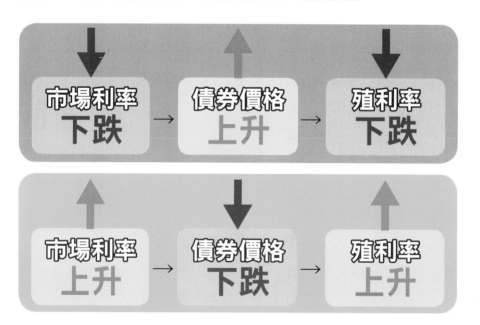

投資債券的風險與優點

❶ 投資債券的主要風險

• **利率風險**：利率風險是指由於市場利率變動，造成債券價格與殖利率跟著產生變動的風險。如果市場利率高於該檔債券票面的利率，這時投資人會去投資市場的商品，而不購買債券，此時債券價格就會下跌；相反的，如果市場利率低於債券票面利率，買債券反而比較划算，這時候投資人會去投資債券，債券價格就會上漲。尤其美國央行對於利率的影響甚鉅，建議投資者要多關注美國聯準會的動向。

• **信用風險**：信用風險是指債券發行單位無法償還的風險。發行公司除了可能無法償付本金，還有可能連利息都無法償還。此外，債券發行期間越久，其風險越高，因為這段期間公司營運內容及債券價格變動的幅度都會稍大，投資人也會因擔心該機構還不出本金，而紛紛出手賣出，使該機構債券價格變低。所以建議在投資債券時，挑選高評等的債券，以降低信用風險。

• **匯率風險**：匯率風險是由匯率變化產生，由於外國債券都是以外幣計價，因此會有匯率風險存在。目前外幣計價的債券包括：美元、歐元、澳幣、南非幣及人民幣，其中先前南非幣因為較為波動，所以常常聽到有投資人賺到高配息，卻賠掉匯差的情況。在投資海外債券前，最好先備有外幣或是選擇一個好的匯率點買入外幣。

❷ 投資債券的主要優點

- **定期配息**：適合未來想要現金流的投資人，可以選擇按季、半年及年配息。

- **資本利得**：持有流通性高的高評等長期債券，未來都會遇到降息而產生資本利得的機會。

- **利息較高**：債券的殖利率（報酬率）通常會比銀行定存高，而且債券到期後本金如同定存一樣會到期拿回。

- **債券可以質借**：由於債券是很穩定的穩定收益商品，所以可以直接拿債券和銀行作質借，再融資買債券或當作保證金。

- **債券到期拿回本金**：通常持有高評等的債券，到期後都可以拿回本金。

如何配合景氣循環配置適合的債券？

景氣的循環也會影響債券價格波動，因此若是能配合景氣循環來配置持有債券，將能更好的掌握投資時機，使效益最大化。

❶ 經濟成長期

當經濟成長的時候，債券發行機構的違約率會降低，公司的信用評等都相對較高。因為整體信用風險降低，所以原先信用風險高的高

收益債券和新興市場債券,就會吸引更多人願意投資;相對的,錢就會從保守的公債轉移出來,較不利於公債的價格。

② 經濟衰退期

當經濟衰退的時候,債券發行機構的違約率會提高,公司的信用評等調降,導致投資高收益債券和新興市場債券需承擔更大的信用風險,使投資人卻步;相對的,此時資金會湧入風險小的公債,較有利於公債的價格。

圖1:如何配合景氣循環配置債券

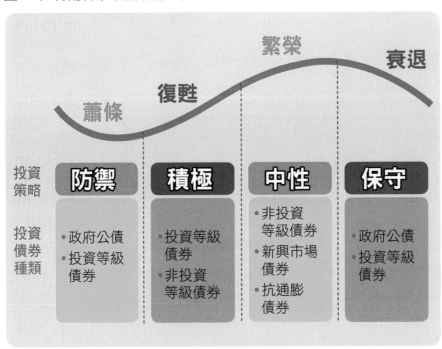

利用FED點陣圖解析利率可能趨勢

聯準會（FED）點陣圖是在3月、6月、9月及12月的聯邦公開市場委員會（FOMC）後，由19位聯準會官員發表自己對於聯邦基準利率的三年看法。公開市場委員會（FOMC）是由聯準會7位正副主席及理事，與4位各地區的分行總裁，再加上主席，一共12位成員組成。這12位成員會根據7位正副主席及理事以及12位各地區聯準會分行總裁的看法來決定未來的利率政策。

我們可以透過聯準會網頁的點陣圖，來了解未來利率走勢，其操作方式如下：（聯準會網站：https://www.federalreserve.gov/default.htm）

① 進入聯準會網站，點選「Monetary Policy」底下的「Meeting calendars and information」。

❷ 再依想查看的年份月份，點選「Projection Materials」底下的「PDF」。

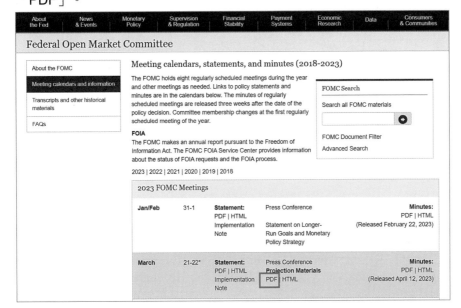

❸ 可以看到該時期發布的「Summary of Economic Projections」，下拉即可看見點陣圖。

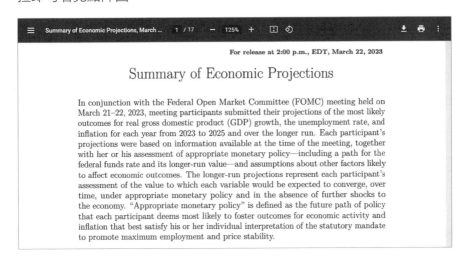

以2022年12月14日發布的點陣圖為例：

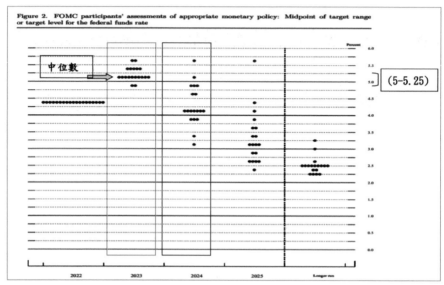

資料來源：Summary of Economic Projections, December 14, 2022. Board of Governors of the Federal Reserve System.https://www.federalreserve.gov/monetarypolicy/files/fomcprojtabl20221214.pdf

從上圖可以發現2023年的部分，在19個官員中有17個官員支持基準利率要在5%以上，終點利率中位數落在5%和5.25%區間（即是5.125%）。但到了2024年有7個官員支持基準利率要降到4.125%左右，這是因為現階段預期美國未來通膨減緩、經濟逐漸衰退，所以要透過降息措施讓未來經濟逐漸成長。

由於目前仍處於基準利率高的升息階段，債券價格大致都是折價發行或處於價格下跌的狀況。然而從2024年點陣圖中可以發現，未來貨幣政策緊縮，降息是不可能改變的事實。當處於降息的階段，債券價格將會反轉上漲，屆時投資人將因債券價格上漲，而產生資本利得。

利用FedWatch預測升降息的機率

這個網站是由CME（Chicago Mercantile Exchange）推出的，是芝加哥商業交易所的一個工具網站，公布30天期聯邦基金期貨價格（以美國30天期500萬美元的聯邦基金為標的物的利率期貨合約），可以用來預測未來聯準會升息及降息的機率及美國利率走勢。

其產生的期貨價格能夠反映市場對聯邦基金有效利率的預期，由於聯邦基金有效利率是反映美國市場短期利率，加上美國市場利率也會影響到台灣的利率走向，並且美國是屬於大的經濟體、台灣是相對小的經濟體，所以台灣的政治及經濟的決策模式，通常會以美國的政經政策為主。

如高價購買美國武器及疫苗，對於經濟及投資活動亦是多方配合，在利率的政策上台灣也是追隨者。如果美國和台灣的利差太大會造成台灣資金外移，資金大量外移會衝擊到台灣的經濟、股市及房市，所以對利率的政策必須謹慎處理，才不至於衝擊到台灣的經濟活動，尤其是本章所探討的債市。

聯準會相當於台灣的中央銀行，會規定各家商業銀行都必須提撥一定比例的存款準備金來存放，以確保商業銀行都有足夠的現金供民眾提領。當商業銀行的資金不足以讓民眾提領時，商業銀行可以彼此借貸這些存放在聯準會的準備金（就是超額準備金），而聯邦基金利率，就是聯準會希望各間商業銀行之間彼此拆借的隔夜利率範圍。將

隔夜拆借利率的加權平均取中間值，該值就是所謂的聯邦基金有效利率，該利率可以視為商業銀行們拆借資金的持有成本。台灣央行則是透過重貼現率來達到控制利率的政策。

升息是中央銀行收緊貨幣政策的手段，當聯準會或央行決定要升息時，商業銀行也會將利率隨之提高，因為商業銀行會將利率轉嫁給民眾，所以民眾放在銀行裡的存款利率會提高；相對的，民眾借款利率也會提高。

❶ 升息機率的推算公式

$$升息機率 = \frac{100-聯邦基金利率期貨結算價-聯邦基金利率}{升息一碼} \times 100\%$$

舉例來說，截至2023年6月12日，有效聯邦基金利率（基準利率）為4.83，7月升息一碼（0.25%）的機率為（100－94.83－4.83）÷0.25（即升息一碼）×100%＝136%，所以預期7月升息的機率高達136%。

接著，我們以CME Group（聯邦基金利率期貨報價）2023年6月12日晚上6點的報價為例，如下圖2及表2，我們可以看到6月至10月的價格依序為94.885（6月）、94.83（7月）、94.71（8月）、94.715（9月）及94.725（10月）。

圖2：聯邦基金利率期貨報價

MONTH	OPTIONS	CHART	最后	变化	PRIOR SETTLE	OPEN
💼 JUN 2023 ZQM3	OPT	ᵢᵢᵢ	94.885	+0.005 (+0.01%)	94.88	94.88
💼 JUL 2023 ZQN3	OPT	ᵢᵢᵢ	94.83	+0.01 (+0.01%)	94.82	94.82
💼 AUG 2023 ZQQ3	OPT	ᵢᵢᵢ	94.71	+0.005 (+0.01%)	94.705	94.705
💼 SEP 2023 ZQU3	OPT	ᵢᵢᵢ	94.715	+0.005 (+0.01%)	94.71	94.705
💼 OCT 2023 ZQV3	OPT	ᵢᵢᵢ	94.725	UNCH (UNCH)	94.725	94.72

資料來源：30天聯邦基金期貨報價。CME Group。https://www.cmegroup.com/cn-s/markets/interest-rates/stirs/30-day-federal-fund.html

表2：2022/8～2022/9聯邦基金利率期貨報價及計算過程

日期	2023/6	2022/7	2022/8	2022/9	2022/10
(1)＝100	100	**100**	100	100	100
(2)＝不同月結算價	94.885	**94.83**	94.71	94.715	94.725
(3)＝[(1)－(2)]×100%＝隱含利率	5.115%	**5.17%**	5.29%	5.285%	5.275%
(4)＝基準利率=4.83%	4.83%	**4.83%**	4.83%	4.83%	4.83%
(5)＝(3)－(4)利差	0.285%	**0.34%**	0.46%	0.455%	0.445%
(6)＝(5)÷0.25 升息1碼機率	114%	**136%**	184%	182%	178%

資料來源：聯邦基金利率期貨、stockfeel及自行整理

以其中7月份的報價（參考圖2）為範例計算7月份升息1碼的機率，2023年7月份期貨結算的價格為94.83，先以100扣除掉期貨的價格，得到5.17，將5.17乘上100%便是當月份的隱含利率5.17%，再和目前的基準利率相減，假設2023年6月12日的基準利率為4.83%，就可以算出利差0.34%（5.17%～4.83%）。最後就可以分別計算要升1碼的機率（除以0.25）、2碼的機率（除以0.50），本例中升1碼的機率為利差0.34%除以1碼（0.25%），得出7月份升息1碼的機率為136%。因此可以預期美國7月份會升息，其升息的幅度約為1碼。

而當美國升息1碼，就會直接影響台灣央行升息的預期，若台灣跟著升息，就會對債市造成衝擊（升息會造成債券價格下跌）。因此投資債市的民眾可以透過FedWatch的工具，提前了解美國聯準會及台灣中央銀行升息及降息的機率，以利提前針對債券市場的變動進行布局。

❷ FedWatch如何使用與查詢

在查詢處上方可以點選未來幾次的會議時間，例如我們點選下一次的會議時間2023年6月14日。首先可以看到圖表上方顯示current target rate is 500-525（現階段聯準會基金利率在5%～5.25%），接著就可以看到對於升降息預測的機率，有74.7%的機率維持不變（500-525），25.3%的機率認為應該調升到525-550，如右圖3。

圖3：用FedWatch查詢未來幾次會議升降息預測

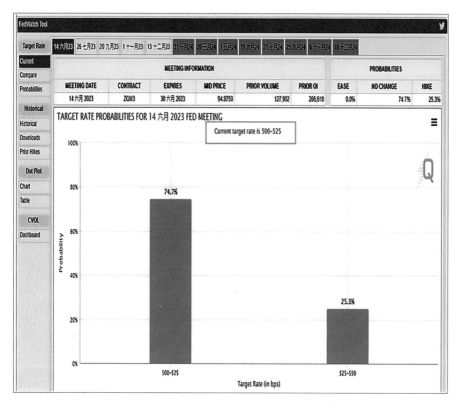

資料來源：芝商所FedWatch工具。CME Group。https://www.cmegroup.com/cn-t/markets/interest-rates/cme-fedwatch-tool.html

　　此外，也可以點選左邊選項上的「probabilities」，以表格的方式一次看出升降息趨勢預測。如下圖4，我們可以發現2024年11月16日降息至350-375的機率達26.4%。

圖4：用FedWatch查詢未來升降息趨勢

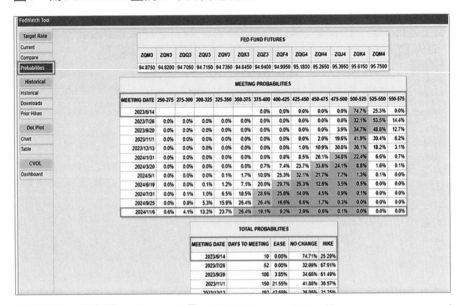

資料來源：芝商所FedWatch工具。CME Group。https://www.cmegroup.com/cn-t/markets/interest-rates/cme-fedwatch-tool.html

　　若分別在「current」和「probabilities」查看2023年7月26日（如圖5圖6），我們可以發現利率維持在500-525的機率為31.3%，升息1碼至525-550的機率為51.7%，升息2碼至550-575的機率為16.9%。

圖5：在「current」查看2023年7月26日升降息機率

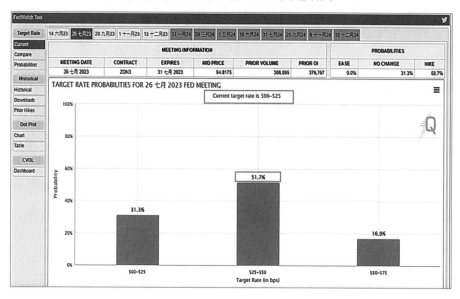

圖6：在「probabilities」查看2023年7月26日升降息機率

FED FUND FUTURES												
ZQM3	ZQN3	ZQQ3	ZQU3	ZQV3	ZQX3	ZQZ3	ZQF4	ZQG4	ZQH4	ZQJ4	ZQK4	ZQM4
94.8775	94.8175	94.7075	94.7200	94.7325	94.8450	94.9325	94.9825	95.1600	95.2400	95.3750	95.5975	95.7900

MEETING PROBABILITIES													
MEETING DATE	250-275	275-300	300-325	325-350	350-375	375-400	400-425	425-450	450-475	475-500	500-525	525-550	550-575
2023/6/14						0.0%	0.0%	0.0%	0.0%	0.0%	69.0%	31.0%	0.0%
2023/7/26	0.0%	0.0%	0.0%	0.0%	0.0%	0.0%	0.0%	0.0%	0.0%	0.0%	31.3%	51.7%	16.9%
2023/9/20	0.0%	0.0%	0.0%	0.0%	0.0%	0.0%	0.0%	0.0%	0.0%	3.1%	33.4%	48.3%	15.2%
2023/11/1	0.0%	0.0%	0.0%	0.0%	0.0%	0.0%	0.0%	0.0%	1.6%	18.9%	41.1%	31.1%	7.3%
2023/12/13	0.0%	0.0%	0.0%	0.0%	0.0%	0.0%	0.0%	0.7%	9.5%	29.0%	36.5%	20.2%	4.0%
2024/1/31	0.0%	0.0%	0.0%	0.0%	0.0%	0.0%	0.5%	7.2%	23.8%	34.5%	24.6%	8.3%	1.1%
2024/3/20	0.0%	0.0%	0.0%	0.0%	0.0%	0.5%	6.2%	21.5%	33.0%	26.0%	10.6%	2.1%	0.1%
2024/5/1	0.0%	0.0%	0.0%	0.3%	3.8%	15.0%	28.1%	29.0%	17.1%	5.7%	1.0%	0.1%	0.0%
2024/6/19	0.0%	0.0%	0.1%	1.0%	6.2%	17.8%	28.3%	26.4%	14.7%	4.7%	0.8%	0.0%	0.0%
2024/7/31	0.0%	0.1%	1.0%	6.1%	17.7%	28.2%	26.5%	14.8%	4.8%	0.8%	0.1%	0.0%	0.0%
2024/9/25	0.0%	0.8%	5.0%	15.2%	25.9%	26.8%	17.4%	7.0%	1.7%	0.2%	0.0%	0.0%	0.0%
2024/11/6	0.2%	1.4%	6.5%	16.7%	26.0%	25.5%	15.9%	6.2%	1.5%	0.2%	0.0%	0.0%	0.0%

TOTAL PROBABILITIES				
MEETING DATE	DAYS TO MEETING	EASE	NO CHANGE	HIKE
2023/6/14	9	0.00%	68.98%	31.02%
2023/7/26	51	0.00%	31.35%	68.65%

資料來源：芝商所FedWatch工具。CME Group。https://www.cmegroup.com/cn-t/markets/interest-rates/cme-fedwatch-tool.html

長短期債券的定義、 景氣階段中的狀態及如何操作

❶ 長短期債券的定義

- **短期債券**：2年期的美國公債是短天期公債的代表，反映美國景氣通膨。另一個經常被拿來衡量殖利率的短期指標，是三個月期美國公債殖利率。

- **長期債券**：10年期美國公債作為長天期公債的代表，反映美國利率決策。長天期債券因持有期間長，所以風險及報酬較短期債券高。

- **利用長短期利差可以了解市場景氣處於何種階段。**

❷ 景氣成長期

在景氣成長階段中，投資及消費需求逐漸增加，物價也逐漸上揚，各國央行為了避免未來物價上升過快，會採取緊縮的升息政策來穩定物價。升息後因投資成本上升，所以廠商會減少投資，進而降低資金流動性。此外，升息會造成債券價格下跌，債券價格下跌反映投資成本變小，進而造成長短期債券公債殖利率皆上升。

由於短期債券更容易受央行政策影響，所以通常殖利率上升幅度較長期債券高，使長短期債券的利差減少而收斂，如下圖7殖利率曲線變得較為平坦。

圖7：景氣成長期——殖利率曲線平坦化，長短天期公債利差縮減

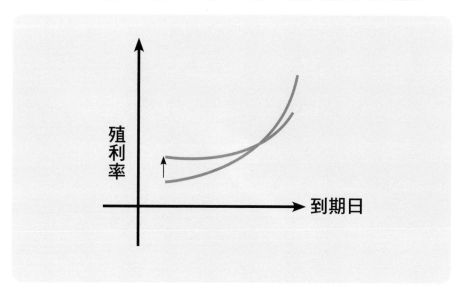

❸ 景氣過熱期

在景氣過熱階段，經濟成長及升息皆來到末端階段，物價高漲、升息加速，處於經濟慢慢衰退的不確定狀態中。此時投資者開始採取保守的心態，在市場中開始慢慢大量持有長期債券，並且在慢慢減少持有短期債券、增加持有長期債券的過程中，使短期公債殖利率逐漸上揚、長期公債殖利率慢慢下跌，屆時會因短期利率高於長期利率，產生非正常的殖利率曲線倒掛的現象。

過去美國在2000年網路泡沫及2008年次貸後的金融海嘯，都曾經出現了殖利率倒掛的情況，使短期利率高於長期利率。

圖8：景氣過熱期——殖利率曲線反轉，經濟成長展望趨緩

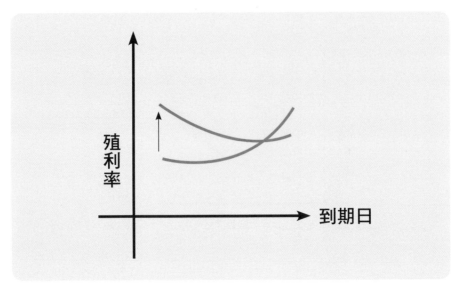

❹ 景氣衰退期

在景氣衰退階段，經濟活動會從景氣循環後週期的高點開始下滑。我們可以從聯準會的點陣圖中，發現有7個官員支持在2024年基準利率要降到4.125%左右，因預期美國未來通膨減緩、經濟逐漸衰退，所以要透過降息措施讓未來經濟逐漸成長。央行會在此時選擇較為寬鬆的貨幣政策，使短天期債券殖利率逐漸下降，並且逐漸拉開和長天期殖利率的利差，回到長短期債的正常水準，長期利率大於短期利率，且殖利率曲線也變得陡峭。

在經濟處於衰退的階段，投資及消費需求會逐漸減少，物價也慢慢的下跌，此時投資者會增加債券需求，造成債券價格上漲、債券殖利率下降。由於債券價格會逐漸上升，故此階段是投資債市獲得資本利得的好時機。

圖9：景氣衰退期——殖利率曲線反轉，經濟成長趨緩

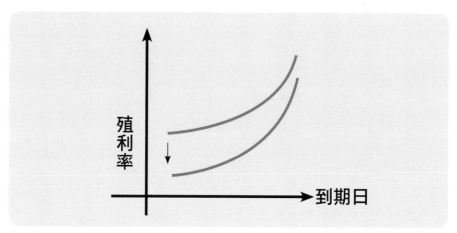

❺ 景氣復甦期

　　景氣復甦期，屬於利率降息引導經濟變好的階段，此時當央行降息到一個階段，也就是短天期債券利率下降到一個階段，景氣會開始因為低利所刺激，而引起消費及投資的增加。此外，長短期利差將不再擴大，但殖利率曲線仍然維持陡峭，長期利率大於短期利率。

圖10：景氣復甦期──殖利率曲線陡峭，經濟持續復甦

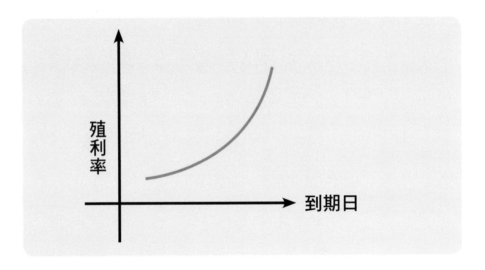

❻ 如何操作

- **操作1**：從總報酬來看，利率變動對債券影響不大，但前提是持有高評等債券（投資等級以上債券）。由於債券主要風險為利率風險及信用風險，若為投資等級以上的債券，其風險僅剩利率風險。投資債券的獲益方式，有穩定收益（利息）與資本利得（價

差）兩個部分，從長期來看，利率將影響利息收入的增加，但若從總報酬的觀點來看，債券受利率變動的影響就會降低許多。

- **操作2**：2023年通膨逐漸趨緩，聯準會可望在2023年第一季結束升息，預期第三季有機會降息。根據過去經驗，在升息結束前3個月進場購買美國公債及投資等級債後，在未來持續一段時間都將有不錯的績效表現，可參考下表3。

表3：升息結束前3個月進場之未來報酬率

升息期間	在升息結束前3個月進場，投資美國公債及投資等級債		
	6個月報酬率	1年報酬率	2年報酬率
1994/2~1995/2	7.04%	17.04%	22.89%
1999/6~2000/5	5.56%	13.05%	22.57%
2004/6~2006/6	3.58%	6.25%	14.81%
2015/12~2018/12	3.68%	10.97%	20.96%
平均	5.06%	11.83%	20.31%

資料來源：史上難得的債券投資機會，投資等級債起跑！2023年1月11日。復華證券投資信託。https://www.fhtrust.com.tw/insights_list/article_list/content/views/d98821ef-dce4-4845-9c0b-bba345934fff?page=-12

💰 債券操作配置的主要策略

❶ 子彈型策略

在債券操作的策略中，子彈型策略是指投資組合中的債券到期期限高度集中於收益率曲線上的一點。債券的現金流結構就是每期都收取一定的固定利息，並且在本金在到期時一次支付，所以說債券子彈型的策略是指投資組合中的債券到期日，會集中在某一期限，如下圖11會集中在4到6年期限中。

圖11：子彈型策略

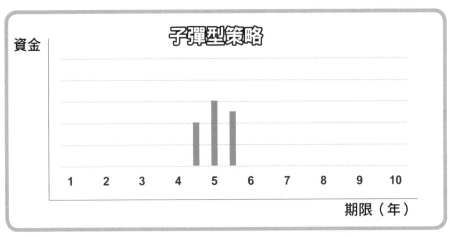

❷ 槓鈴策略

　　也稱為啞鈴投資策略，目前市場上已經有許多平衡型的金融商品，都採取了槓鈴策略例如股票的產業比重、股票和債券的分配比重，以及債券的長短期比重等等。此投資策略是配置兩種極端的資產進來：比如購買短期債券的目的是確保債券的流動性，購買長期債券的目的是獲得較高收益，如此才能降低風險並盡可能增加報酬。

　　以長短期債券操作為例，透過使用槓鈴策略，可以在利率開始上升時，投資短期債券，短期債券的流動性佳，到期時還可再投資於報酬率更高的債券；如果利率下跌，長期債券將繼續提供穩定的收益率及資本利得。操作方式總結可參考下圖12、圖13。

圖12：長短期債券操作

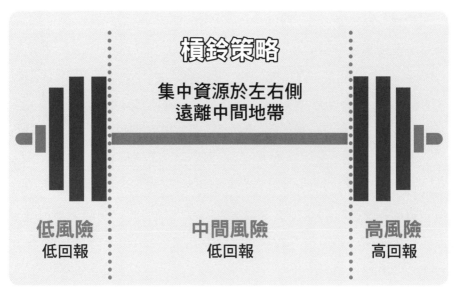

圖13：公債及股票操作

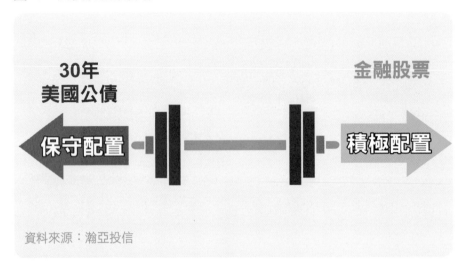

資料來源：瀚亞投信

❸ 階梯式策略

　　所謂階梯式策略，就是買入不同到期日期的債券，以便投資者的現金流量能夠快速對利率下跌及上漲的變化做出反應。例如，開始時分別買入未來1到6年期到期的債券，待隔年1年期債券到期後，再用該筆資金買入6年後到期的債券，以此循環。因此隨著債券逐筆到期，所收回資金須再行投資，就這樣保持持有不同年期債券。

　　在這種策略下，債券投資者可以同時購買短期和長期債券，以分散利率上的風險，如果短天期債券在利率上升的時候到期，該債券到期時的本金可以再投資於報酬率比先前更高的債券。階梯式操作策略可參考下圖14示意。

圖14：階梯式策略

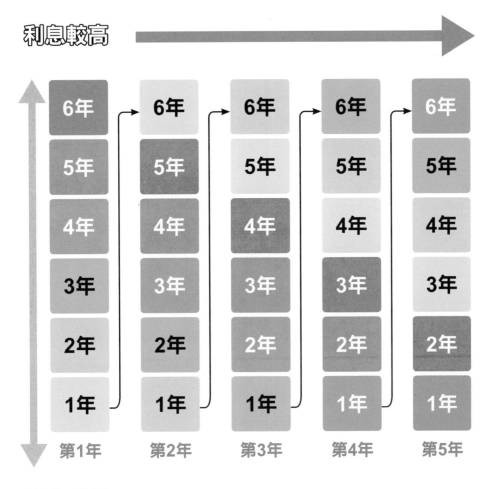

利息較高

利息較低

債券操作配置策略比較

債券子彈　　　債券啞鈴　　　債券階梯

 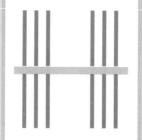 

利率風險稍高	利率風險中等	利率風險較低
子彈型	**啞鈴型**	**階梯型**
會設定一個目標到期日，購買這個年份前後到期的公司債。預期升息，則投資到期日短的公司債；預期降息，則投資到期日長的公司債。	偏向購買短期與長期公司債，升息時可藉由到期日短的公司債減少價格波動，降息時可藉由到期日長的公司債提供足夠的報酬率。	控制在每幾年就有到期的公司債，確保債券利率與價格能夠跟上市場利率，使其變現性好，價格波動低。

2017

2018

2019

2020

2021

2022

79.7

1.9

16.8

17.3

36.7

12.9

40.1

債券累積型和債券配息型的差異

❶ 債券累積型具複利的效果

債券累積型會將所分配的利息收入依照淨值轉換為基金的單位數,可以利用單位數讓複利效果達到最大。但由於沒有現金流的產生,適合對於需求或消費沒有那麼迫切的投資人,這樣的投資蠻適合固定薪資收入的年輕人,因為透過買債券累積型基金,可以有較長的時間來操作投資,並且累積更多的基金單位數。

從過去債券的投資經驗來說,透過長期債券的投資容易避掉匯率風險及利率風險,故從長期投資角度來看,不配息較能實踐長期投資的意義及效果。另外,在台灣債券配息是要課稅的,但是債券累積型不配息則不用課稅,所以要評估個人的課稅考量,來選擇個人適合累積型或是配息型。

❷ 債券配息型可穩定現金流

如果債券投資需求是希望未來有現金流收入的話,則透過債券配息是可以達到以上的目的。配息發放頻率分為:月配息、季配息、半年配息、年配息,大部分透過每季或半年的配息賺取收入者較多。另外,對於除了工作收入以外,也希望持續有其他收入來源的人來說,債券配息型是蠻適合的,所以未來將面對退休或已經退休者,就建議買債券配息型。

將以上投資的兩種方式綜合整理如下：

投資方式	債券累積型	債券配息型
適合族群	年輕人	面對退休及即將退休
年齡	20~50歲	50~70歲
投資屬性	積極的	保守的
投資目標	達成複利效果	穩定配息

債券累積型基金與債券配息型基金之間並無絕對的差異，全憑投資人依照自己的財務狀況、投資偏好、投資屬性、投資目的及投資目標進行選擇，只要最後能達到自己的目的，就是最佳的投資選擇。

債券質押貸款投資限制

　　美國去年一整年在銀行的財富管理部門利用房屋貸款、股票貸款及債券質押借款呈兩位數的成長，尤其在債券質押借款呈顯著的成長。這是因為適逢基準利率及公債殖利率相對高點（債券買價低點），利用債券質押再度買進債券，如此在原本債券殖利率4%～4.5%(1)的報酬率下，新的債券之殖利率扣除債券質押成本，大約仍有2%～2.5%(2)的空間，將(1)方案投資及(2)方案投資的報酬率相加後約有6%～7%的報酬空間，所以在美國有許多有錢人都趁此債券相對低點的投資時機，利用債券質押買進。

　　國內金管會已於107年7月13日開放銀行辦理自行質押借款業務，然為避免投資人擴大財務槓桿，另外擬定新的辦法及控管機制，內容如下：

一、得受理之客戶對象為專業投資人（指專業機構投資人、總資產超過新臺幣5千萬元以上之法人或基金，及財力達新臺幣3千萬，或單筆投資逾新臺幣300萬元以上之自然人）。

二、得辦理質借之信託受益權以信託財產運用於具高度流動性與次級市場之投資標的（包含外國股票、不具槓桿或放空效果之指數股票型基金、外國債券及境內外基金等）。

三、最高貸放成數五成。

四、銀行開辦本項業務之辦理期限為3年，屆期視辦理成果作為續辦考量。

　　金管會表示，中華民國銀行商業同業公會全國聯合會及中華民國信託業商業同業公會已完成相關自律規範之修訂，俾供兼營信託業務之銀行遵循落實風險控管。有意開辦自行質借業務之銀行，於完成其資訊系統調整、相關內部控管機制之訂定後，即可向金管會提出申請。[1]

註1 金管會2019年3月7日新聞稿。金融監督管理委員會。https://www.fsc.gov.tw/ch/home.jsp?id=96&parentpath=0,2&mcustomize=news_view.jsp&dataserno=201903070001&toolsflag=Y&dtable=News

投資心法總結

❶ 從Fed點陣圖上，可以發現2023年應該還有升息幅度，因為最終利率應該會維持在5%～5.25%之間，但2024年聯準會利率預測降到4%～4.25%間，未來將造成美債價格上漲進而使殖利率下跌。此時進場可鎖住殖利率，讓未來有資本利得的機會（買進債券價格低，賣出債券價格高，賺取價差），達到進可攻（賺進資本利得）、退可守的雙重效果。

❷ 未來想購買債券的持有人，建議在聯準會升息的相對高點，也就是公債殖利率高點及債券價格低點買進，因為絕對高點對於一般投資人難以掌握，且又容易失去投資的好機會，所以建議投資人趕快把握時機進場。

❸ 過去的貨幣緊縮政策逐漸已經達成抑制通膨的效果，且通膨已經逐漸趨緩，尤其現在已經處於經濟循環的後半段，債券未來將會為投資人提供穩定的收益及潛在的資本利得。

❹ 短天期債券除了存續期間短，對於利率敏感度也較低，因此在在未來經濟環境不確定時，可以先買進短天期債券，賺取穩定收益及資本利得，長天期債的部分則等待確定經濟環境後再投入布局。

投資
保險商品

投資保險商品

　　本章我們將討論如何投資保險商品，尤其是外幣保單。為什麼要專挑外幣保單投資呢？這是因為保險公司在投資海外債券時須考量避險成本，也就是將外幣兌換成台幣給台幣保單保戶的匯差，所以提供給台幣保單的預定利率及宣告利率就會較低，相反的，外幣保單的預定利率及宣告利率就會較高（關於預定利率及宣告利率，後續會有詳細解釋）。故投資外幣保單對客戶較有利，但前提是要看準買進及賣出的美元匯率時間點。

　　此外，我們還可以利用銀行一年期、兩年期及三年期外幣定存，來配合投資四年期外幣保單。例如，先在好的美金匯率點購入美金，繳交美金保單第1期（期初投資保險第1期）；一年後，一年期美金定存到期，拿來繳保單第2期（期初投資保險第2期）；二年後，二年期美金定存到期，繳保單第3期（期初投資保險第3期）；三年後，三年期美金定存到期，繳保單第4期（期初投資保險第4期）。

　　透過這樣的方式，可以在投資外幣保單時，利用銀行美金定存最多三年的方式，鎖定匯率及利率，然後利用保單及美金定存（美金定存通常較高）的加權平均（WACC），提高外幣保單前3期的平均利

率。本章後續會提供詳細案例及範例供讀者參考，利用外幣定存及外幣保單的組合配置，獲得長期穩定的收益。接下來，就讓我們先來看投資保險商品須具備的金融常識與專有名詞。

 ## 專有名詞一覽

❶ 預定利率

是一個固定利率，預定利率為保險公司的投資報酬（為年化報酬率），它是一個固定利率，保險公司在設計保單時就已經決定好了，不會因保險公司的投資績效好或不好而提高或降低，故它是保險公司允諾給保戶的一個保證利率。

❷ 宣告利率

是一個浮動利率，是保險公司收到保戶的保費後，然後利用保費到國外做投資（大部分投資為在海外持有長期債券），所獲得的投資報酬率。保險公司扣除相關成本、管理費、業務員的佣金等費用後，會依照比例計算回饋金給保戶，由於投資的報酬率會隨著經濟環境而改變，所以該保單的宣告利率也是浮動的（不確定的）。

宣告利率上限為臺灣銀行、第一銀行及合作金庫等三行庫上月月初（第一營業日）牌告之「二年期定期儲蓄存款」最高固定年利率之平均值加1.5%；下限為以臺灣銀行、第一銀行及合作金庫等三行庫上

月月初（第一營業日）牌告之「二年期定期儲蓄存款」最高固定年利率之平均值之利變年金商品。

通常保險公司都會在每個月的第一個營業日來公告當月最新的宣告利率（舉例如4%），也就是說當月份今天購買保單的新客戶，將來在未來一整年都可以用4%利率來計算保單的價值。例如1月份宣告利率是4%，所以凡是在1月份購買保單的新保戶，未來都可以享有一整年4%利率的保單增值，另外等到明年後的今天，要看當月份的宣告利率是多少，此時的該保單的利率就會調整到當時最新的宣告利率。

一般來說，保險公司的官網上都可以查詢到各利變型保單的宣告利率。以富邦人壽為例，富邦人壽的官方網站，在「商品總覽」就有一欄「保險宣告利率」，如下圖1所示。

圖1：富邦人壽官網

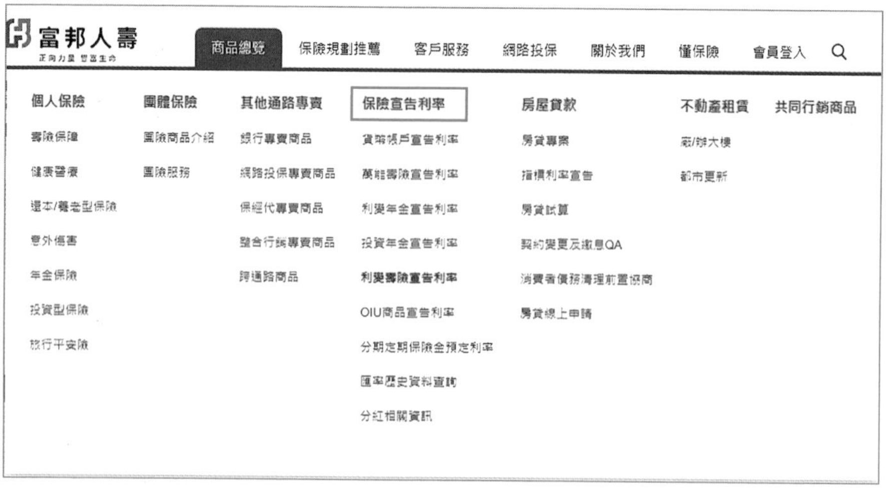

資料來源：富邦人壽。https://www.fubon.com/life/

　　以國泰人壽為例，我們也可以發現國泰人壽的利率型商品，在110年1月份的宣告利率是2.65%（如下圖2），到了112年1月份則是3.05%（如下圖3），該商品的宣告利率是逐漸隨市場利率上升而上升的。

圖2：國泰人壽利率變動型商品110年1月宣告利率

資料來源：宣告利率。國泰人壽。https://www.cathaylife.com.tw/cathaylife/services/rate

圖3：國泰人壽利率變動型商品112年1月宣告利率

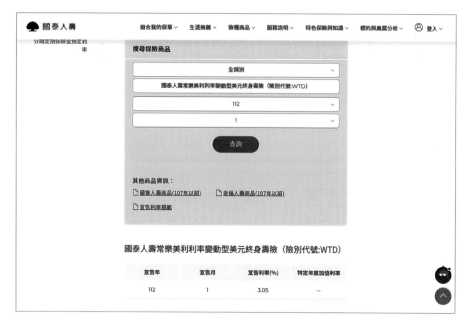

資料來源：宣告利率。國泰人壽。https://www.cathaylife.com.tw/cathaylife/services/rate

　　當宣告利率大於預定利率時，保戶可享有保單增值回饋金的回饋，而且是以該保單價值準備金用宣告利率（浮動利率）來複利增值的。當宣告利率小於預定利率時，就不會有該保單增值回饋金的回饋，但是其保單價值的準備金則是用預定利率（固定利率）來複利增值的，所以該保單的預定利率就是該保單的最低利率。

❸ 增值回饋分享金

> **增值回饋分享金＝**
> **保單價值準備金×（宣告利率－預定利率）**

　　「宣告利率」減掉「預定利率」之後的利差，乘上該年度期末的保單價值準備金，才是保戶能賺到的增值回饋分享金。

❹ 保單價值準備金

　　保戶累積所繳保費，扣除必要支出後，存在保險公司用來支應未來保險金給付的金額。

以下表1案例來說明外幣保單，阿傑為了小孩未來要出國，買了一張外幣保單，其保額10萬美元，繳費的方式選擇年終獎金領到後，1次躉繳保費96,950美元付清，外幣保單是屬於利率變動型的，該條件分別是預定利率為1.5%及宣告利率為3%，希望藉由該案例提供的條件，讓讀者對保單更有所了解。

表1：外幣保單案例說明

年度末	保單價值準備金	保價金增長率＝預定利率	解約費用率	解約金
1	94,213(1)		94%(3)	88,560(4)
2	95,621(2)	1.5%	95%	90,840
3	97,059	1.5%	96%	93,080
4	98,514	1.5%	97%	95,460
5	99,990	1.5%	98%	97,990
6	101,495	1.5%	99%	100,480
7	103,013	1.5%	100%(5)	102,910

註釋(1)：躉繳保費96,950美元扣除相關的費用（公司管理費及業務員佣金）後，剩餘為94,213美元，是用來當作第一年末的保單價值準備金。

註釋(2)：第二年末的保單價值準備金為95,621，將第二年末

95,621除以第一年末94,213＝1.015，代表該保單的成長

率就是預定利率1.5%的成長。

註釋(3,4,5)：第一年若解約其領的現金為保單價值準備金

94,213×0.94（第一年的解約費用率）＝88,560，是

沒有保本的（躉繳保費96,950），在上表中可以發現

在第七年度解約費用率為100%，對保戶才是有保障

且有利的。

註釋(6) 增值回饋分享金計算如下：

第一年增值回饋分享金：
94,213（第一年準備金）×（3%－1.5%）＝1,413.2

第二年增值回饋分享金：
95,621（第二年準備金）×（3%－1.5%）＝1,434.3

1413.2×（1＋3%）＝1,455.6…………

（第一年增值回饋金乘上宣告利率）

1413.2＋1434.2＝2,847.4（第2年末的增值回饋分享金）

❺ 儲蓄險的分類

以繳費期間區分的話，可分為躉繳（一年繳）、二年、三年、四年、六年、八年、十年及二十年期的保單（六年期間的儲蓄險較多）。

依利率區分，可分為利率變動型及非利率變動型。非利率變動型即為固定利率（只有預定利率，無宣告利率）保單；利率變動型（有預定利率及宣告利率）則是「宣告利率大於預定利率」時會額外給付增值回饋金。

❻ 責任準備金利率

保單「責任準備金」是保險公司為將來給付的保險金，故必須從保費收入中提存資金做準備，因此是屬於保險公司的負債。要從保費收入中提存多少比例的責任準備金，目前是由金管會統一規定要求的，稱為「責任準備金利率」。當責任準備金利率調降，表示保險公司須提存更多的資金。相反的，若是責任準備金利率調升時，表示保險公司須提存較少的資金。

舉個例子說明，若責任準備金利率為5%，當收取100元保費時，保險公司須提存95元，僅剩5元可以運用。所以，當責任準備金利率越低時，未來給付保險金責任金利率折現後應提存之金額越多，代表保險公司要提列的準備金會提高、增加保險公司的壓力，在提列成本拉高後，保險公司勢必會將成本轉嫁到消費者的保費上。

❼ IRR（Internal Rate of Return）內部報酬率

　　也稱為年化報酬率，是根據該投資方案的「現金流」來計算實際「每年平均的年化報酬率」，因此是以保戶每期實際支付所累積的「保費」，及當時解約時實際領取的「解約金」，來衡量保單真實的年化報酬率。所以保單中的內部報酬率是有考量了投資人的現金流（現金的流入及現金的流出）、投資的年限及最終得到的金額所計算出來的年化報酬率。另外，內部的報酬率是有加入複利的概念，所以更能精確掌握該保單的績效，並用來判斷該保單商品的投報率是否有優於定存。

❽ 淨現值（NPV=Net Present Value）

　　是指在某一段的時間內，該現金流入的現值與該現金流出的現值之差額，若該投資的淨現值大於零，則表示該投資的方案是可以進行的；若該投資方案的淨現值小於零，則表示其投資方案是不可以進行的。因此當淨現值為零的情況下，是表示找一個利率，讓現金流入的現值等於現金流出的現值，而找到這個利率就是所謂的IRR（內部報酬率）。

　　舉一個範例來說明IRR（內部報酬率），有一個投資人買了某保險公司躉繳的保險商品，該保險躉繳商品投資的金額是100,000（現金流出），在6年後保險公司給該投資人113,626，請問該保險商品提供給投資人的內部報酬率是多少？EXCEL操作方式公式如下：

年度（A欄）	現金流（B欄）
1年初	-100,000
1年末	0
2年末	0
3年末	0
4年末	0
5年末	0
6年末	113,626
內部報酬率公式 IRR（B2：B8）	=2.15%

保險公司避險成本

　　壽險公司收取保戶新台幣保費，匯到國外投資海外債券時，為避免匯率波動而侵蝕投資利益，會針對部分保費進行避險。目前各家保險公司的避險比率大概介於60%～70%，也就是說每100元投資到國外的新台幣保費，大約有60～70元有做避險。

➊ 保險公司使用的避險工具1

　　為境內的C.S.（傳統換匯避險），兩國之間的利差（也就是美國與台灣的利差）愈大時，C.S.的合約就愈貴。以1個月天期者為例，目前年化避險成本約1.6%到2%，但隨著美台利差擴大，C.S.的避險成本將持續走高，往往會邁進3%。

❷ 保險公司使用的避險工具2

為境外的NDF（無本金遠期外匯），NDF的避險成本高低，通常與預期心理有關，當新台幣對美元升值預期越高時，NDF愈貴，過往年化避險成本曾一度標高到5%；相反的，若新台幣對美元貶值預期愈高時，則NDF的交易愈便宜。

本章前面有說明，美元保單可避免換匯成本，因此可提供比台幣保單更高的利率，但前提是必須避免期初投資的台幣換美元匯率較差（台幣貶值美元升值，需要拿更多台幣換美元），以及期末到期拿到美元本金時匯率較差的情形（美金換到台幣較少），故選擇較好的買點與賣點是非常重要的。

 ## 美金保單的類型

美金保單主要可分為三種，分別為：**還本型**、**增額型**、**利率變動型**。

商品類型	還本型	增額型	利率變動型
利息計算方式	預定利率	預定利率	預定利率及宣告利率
內容	每年給付生存還本金，無法以複利計算。	約定期滿之後，利息加入本金繼續滾動利息。	前幾年用預定利率，之後用宣告利率，並且會提供回饋分享金（目前該類型商品最多）。

以下將以表2還本型美金保單為例，表格已將每年美金繳款換算成台幣了，該保單是市場中最普遍的6年期美金繳款（換算台幣是年繳41,382）。讀者可以透過該案例了解在購買保單時，業務員是用何種方式促銷的，是提供給您每年單利，還是有考量複利的內部報酬率（IRR）。

表2：還本型美金保單案例

年度	保險年齡	實繳保費	累積實繳	生存年金	累積生存年金	身故一次給付	年度末解約金
1	51	41,382	41,382	630 (1)	630	44,308	24,950 (3)
2	52	41,382	82,764	1,260 (2)	1,890	87,986	56,050
3	53	41,382	124,146	1,890	3,780	131,034	87,610
4	54	41,382	165,528	2,520	6,300	173,452	119,660
5	55	41,382	206,910	3,150	9,450	215,240	152,190
6	56	41,382	248,292 (4)	3,780	13,230	256,398	245,720
7	57		248,292	5,200	18,430	253,450	248,250
8	58		248,292	5,200	23,630	253,470	248,270
9	59		248,292	5,200	28,830	253,480	248,280
10	60		248,292	5,200	34,030	253,490	248,300 (5)

註釋(1)：630÷41382=1.52%

（1.52%是單利而非複利，要考量用IRR）

註釋(2)：1260÷82764=1.52%

（1.52%是單利而非複利，要考量用IRR）

註釋(3)：第 一 年 解 約 時 ， 只 能 拿 2 4 , 9 5 0 ， 約 只 拿 回 本 金
（24950÷41382）＝60%左右，所以建議讀者在買儲蓄險
時，必須至少有存滿6年以上，第7年才有機會拿回6年所繳的
本金。

註釋(4)：該保單為6年期繳款，共繳約台幣248,292元，之後就不需要
再繳款了。

註釋(5)：該保單到10年期解約金為248,300，有超過6年期繳款的
248,292，所以該保單至少要放到10年。

EXCEL操作方式公式如下：

	G	H	I	J	K	L	M	N
1	年度	實繳保費	生存年金	解約金 第6年解約	解約金 第7年解約	現金流 6年現金流	現金流 7年現金流	IRR
2	第1年初	-41,382				-41,382	-41,382	
3	第1年末	-41,382	630			-40,752	-40,752	
4	第2年末	-41,382	1,260			-40,122	-40,122	
5	第3年末	-41,382	1,890			-39,492	-39,492	
6	第4年末	-41,382	2,520			-38,862	-38,862	
7	第5年末	-41,382	3,150			-38,232	-38,232	IRR (L2：L8)
8	第6年末	0	3,780	245,720		249,500	3,780	**1.23%**
9	第7年末	0	5,200		248,250	5,200	253,450	1.64%

從上圖中可以發現到6年末的IRR（內部報酬率）為1.23%，但到第
七年末的IRR已經達1.64%，可以發現儲蓄險放得越久，其內部報酬率越
高，到了第10年末已經接近2%，將超過台幣定存（1.15%～1.30%）。

儲蓄險預定利率、
宣告利率及內部報酬率的比較

預定利率及宣告利率都不是儲蓄險的報酬率，因為兩個利率皆未扣除保險公司的附加費用（包括管理費用、銷售費用及業務員的佣金費用）。而在內部報酬率的計算基礎下，是如同前例以生存年金、解約金的合計（現金流入），及繳交保費（現金流出）所計算出來的投資報酬率，是有扣除附加費用的。

實務上大多數客戶，在美元保單還本型保單上看的都是單利而非複利（內部報酬率的想法），這是因為大多數的銀行及保險業者的從事人員，除了對內部報酬率不甚了解外，也難以向客戶解釋什麼是內部報酬率。所以大部分都是用每年生存金當作利息收入，然後除上每年所繳的保費當作本金，所計算出來的報酬率就是簡單粗糙的報酬率。為了讓讀者能更直觀的看出差異，我們在後面的案例及示範中，都會用每年的單利報酬率視之。

延續前面表2的案例，每年實際保費繳交41,382（本金），生存年金630（利息），故其報酬率為1.52%（630÷41382）。但若該美元保單為四年期保單時，就可以搭配利用銀行美元定存，提高年報酬率。

我們可利用4年繳交保單時，另外和銀行承做1年期定存、2年期定存及3年期定存，在2022年銀行所提供的利率分別為4.8%（1年期）、4.5%（2年期）及4.2%（3年期），當時美元利率呈現利率倒掛（年

期越短利率越高，不同於過去年期越短利率越低），此時，客戶就可鎖住匯率（買進美元）並鎖住利率（做銀行1年期、2年期及3年期定存）。這時我們可利用美元保單所提供的原本利率1.52%，加上銀行各年期所提供定存的利率加權平均（WACC），來計算平均報酬率，說明如下表3。

表3：利率加權平均計算示範

年期 （期初投資） 從第0年 (1)	保費 （換算台幣）	年金	報酬率 （保單）	美元定存 （換算台幣）	報酬率 （美金）	平均報酬率 50%保單＋ 50%定存 (2)
第0年	41,382	630	0.015	41,382	0.048 (1年期)	0.0315
第1年	41,382	630	0.015	41,382	0.045 (2年期)	0.03
第2年	41,382	630	0.015	41,382	0.042 (3年期)	0.0285
第3年	41,382	630	0.015	0	0	0.015
4年平均(3)						0.02625 (2.63%)

註釋(1)：保險投資都是期初投資的（一開始就是先繳錢的）。

註釋(2)：每1年期的保單，都是利用美元定存到期繳交下一期保單，所以平均報酬是一半保單及一半定存。

註釋(3)：平均報酬分別是第0期到期、第1期到期、第2期到期及第3期到期的算術平均（0.0315＋0.03＋0.0285＋0.015）÷4＝2.63%。

若上表中我們在每一年期美金定存上不是和保費相等金額，而是讓保單與定存比例是1：2的話，平均報酬將會提高至3%，如下表4。

表4：保單與定存比例是1：2的平均報酬率

年期	保費 （換算台幣）	年金	報酬率	美元定存 （換算台幣）	報酬率	平均報酬率
第1年	41,382	630	0.015	82,764	0.048	0.036963
第2年	41,382	630	0.015	82,764	0.045	0.034965
第3年	41,382	630	0.015	82,764	0.042	0.032967
第4年	41,382	630	0.015	0	0	0.015
4年平均						0.02997375 (3%)

Chapter 5

投資心法總結

❶ 買進美元保單的時機：

- 在台幣處於相對強勢，且美金利率相對高時，可以先換回美金然後存美元定存或美元保單。

- 目前有美元，且現階段處於美元持續升息的環境下，其宣告利率會較高，建議可買進美元保單。

- 未來有美元需求的人。

- 金管會調高美元保單責任準備利率。

❷ 利用銀行美元定存搭配美元保單，如此將提高美元保單前4年的報酬率（因為美元保單前4年的預定利率偏低）。

投資
外幣定存商品

投資外幣定存商品

　　本章我們將討論如何利用現有資金或是質借，在外幣定存上做投資理財。雖然國人多承作台幣定存，在此我們會聚焦在如何利用外幣操作，讓金融投資更多元化。並詳細說明投資外幣定存商品必須要知道的先備知識，讓讀者透過掌握關鍵資訊，避開投資陷阱。

　　首先，在承作外幣相關商品前，都需要先有外幣存款，因此如何在一個好的匯率點買進外幣，也是一項非常重要的專業知識。此外，包括定存要做多久、是否應該做活存、外幣活存條件多少、如何利用外幣做其他穩健投資，以及在匯率波動時如何掌握分批換匯降低成本，皆是本章要討論的重點。

　　尤其要注意不要賺了利息差賠了匯率差！有時銀行給你的利差看似很高，但卻賺了你許多換匯的價差，或是在遇到外幣貶值時，利差不僅會被匯率風險吃掉，甚至因匯率風險賠更多！因此換匯價差及利率平價理論，是必須深入了解的關鍵知識。由於匯率的波動非常大，投資人必須多蒐集資訊、多比較各家銀行，才能找到最適合自己的外幣定存及間接投資的外幣金融商品。

除此之外，許多總體經濟指標及國際情勢，也會暗示央行匯率升貶及升降息，所以與時俱進的資訊及掌握經濟現況的情勢，才能容易正確找到合適的理財商品。

最後，還有讀者一定要知道的定存資訊及操作技巧，包括(1)買了美元後應該存活存還是定存；(2)考量總體資訊及掌握經濟情勢，以利解讀未來是否升息，再依此選擇固定利率或是浮動利率；(3)外幣存款單筆金額大時，是否應該選擇拆單分批定存；(4)外幣定存金額多寡（考慮利息收入免稅額）；(5)外幣存放時間的長短⋯⋯等等。本章另會補充外幣定存相關的專有名詞說明，以利讀者更好的掌握本章相關知識。

 ## 為何要存美元？

美國聯準會從2022年到2023年的2月，已經升息了8次，累積共升息了18碼，來到基準利率4.5%～4.75%區間。因此按照美元升息抗通膨下，現在的美金定存利率非常高，目前國人除了現有美金或是將台幣換成美金，紛紛存款至美元帳戶。有關美國聯準會2022年至今升息期間，以及2023年會議時間一覽表如下。

表1:2022～2023升息一覽表

時間	升息幅度	目標利率
2022/01	沒有調整	0.00%～0.25%
2022/03	升息1碼(0.25)	0.25%～0.50%
2022/05	升息2碼(0.50)	0.75%～1.00%
2022/06	升息3碼(0.75)	1.50%～1.75%
2022/07	升息3碼(0.75)	2.25%～2.50%
2022/09	升息3碼(0.75)	3.00%～3.25%
2022/11	升息3碼(0.75)	3.75%～4.00%
2022/12	升息2碼(0.50)	4.25%～4.50%
2023/02	升息1碼(0.25)	4.50%～4.75%

FOMC 時間	台灣 時間	政策 聲明	新聞 發布	點陣圖	經濟 預測
1/31～2/1	2/1～2/2	V	V		
3/21～3/22	3/22～3/23	V	V	V	V
5/2～5/3	5/3～5/4	V	V		
6/13～6/14	6/14～6/15	V	V	V	V
7/25～7/26	7/26～7/27	V	V		
9/19～9/20	9/20～9/21	V	V	V	V
10/31～11/1	11/1～11/2	V	V		
12/12～12/13	12/13～12/14	V	V	V	V

專有名詞及相關資訊

❶ 何謂美金定存？

外幣定存是一種投資理財方式，投資人將美金或其他貨幣（如澳幣或日幣）存放至銀行（必須有外幣帳戶），或是將台幣換成外幣存在外幣帳戶裡，並且與銀行約定一段期限，可能是短則1個月，或長至3年，必須到約定期滿才能領取，在期滿後可以得到利息收入，若是定存提前解約，利息收入將依下表2利率8折計算。

表2：定存提前解約，利息計算方式

項目	期間	條件
01	未滿1個月時	不計利息
02	存滿1個月未滿3個月者	按實存期間，依1個月期利率計算
03	存滿3個月未滿6個月者	按實存期間，依3個月期利率計算
04	存滿6個月未滿9個月者	按實存期間，依6個月期利率計算
05	存滿9個月未滿1年者	按實存期間，依9個月期利率計算
06	存滿1年未滿2年者	按實存期間，依1年期利率計算
07	存滿2年以上者	按實存期間，依2年期利率計算

❷ 外幣定存利息發放方式

外幣定存的利息通常可選擇每月領息或到期領取本息。

❸ 外幣定存採取固定利率或是浮動利率？

這就要看當時自己和銀行外幣的定存是採「機動利率」還是「固定利率」。

- **固定利率：**不論中央銀行是升息還是降息，都依照當時和銀行約定定存的固定利率來計算。

- **浮動利率：**如果定存是採取機動利率，當中央銀行升息或是降息後，那麼利率就會依據銀行升息、降息後，即時調整最新的定存條件。

以台灣銀行為例，台灣銀行外幣存款之固定利率及浮動利率之條件如下圖1。

圖1：台灣銀行外幣活期存款及定期存款

2023 ∨ 年 02 ∨ 月 11 ∨ 日	查詢

🖥掛牌時間：2023/02/11　　　　　　　　　　　　　　　　實施日期：2023/02/07

幣別	活期 (年息%)	定期存款 (年息%)							
		7天	14天	21天	1個月	3個月	6個月	9個月	1年
🇺🇸美金 (USD)	1.15	1.6	1.6	1.6	2.75	3.25	3.5	3.7	3.8
🇺🇸美金 (USD) 大額	-	1.6	1.6	1.6	2.77	3.27	3.52	3.72	3.82
🇭🇰港幣 (HKD)	0.55	0.8	0.8	0.8	1.3	1.7	1.9	2.1	2.2
🇬🇧英鎊 (GBP)	0.75	0.9	0.9	0.9	1.25	1.45	1.7	1.85	2
🇦🇺澳幣 (AUD)	0.6	0.8	0.8	0.8	1.05	1.3	1.6	1.7	1.9
🇨🇦加拿大幣 (CAD)	0.85	1.1	1.1	1.1	1.55	1.8	1.95	2.15	2.35
🇸🇬新加坡幣 (SGD)	0.1	0.2	0.2	0.2	0.25	0.35	0.4	0.45	0.55
🇨🇭瑞士法郎 (CHF)	0.02	0.05	0.05	0.05	0.1	0.2	0.3	0.4	0.5
🇯🇵日圓 (JPY)	0.001	0.001	0.001	0.001	0.001	0.001	0.001	0.001	0.002
🇿🇦南非幣 (ZAR)	1.9	3.1	3.1	3.1	5	5	4.9	4.9	4.9
🇸🇪瑞典幣 (SEK)	0.22	0.38	0.38	0.38	0.55	0.7	0.9	1.05	1.2
🇳🇿紐元 (NZD)	0.7	0.9	0.9	0.9	1.35	1.6	1.8	2	2.2
€歐元 (EUR)	0.25	0.35	0.35	0.35	0.6	0.8	1	1.1	1.2
🇨🇳人民幣 (CNY)	0.05	0.15	0.15	0.15	0.53	0.63	1.03	1.03	1.03

資料來源：外匯存款牌告利率。台灣銀行。https://rate.bot.com.tw/ir?Lang=zh-TW

❹ 續存規定

　　當個人定存到期，各家銀行的續存規定，可分為不續存和自動續存（詳細內容如下），但銀行的自動續存是以各銀行最新的定存利率條件為續存條件，詳細的內容建議還是要尋求銀行從事人員了解。

- **不續存**：即到期之後，本金和利息一併轉入活存。

- **本金續存**：到期之後，本金繼續定存，而利息則轉入活存。

- **本利續存**：又叫本息續存（到期之後，將利息和本金一起續存）。

❺ 美金定存質借

　　若在定期存款未到期前需要用錢，可用定存單向銀行辦理質借，通常銀行規定是外幣存單之九成範圍內辦理質借（也就是質押美金，借出台幣）。1～3年期定存利率大約為3.5%～4.8%，借出台幣的貸款利率約1.95%～2%，利息差異將近約1.55%～2.4%，所以美金定存質借除了可以避免匯差損外，更有存放款利差的空間，讀者可以利用此種金融操作的方式和銀行承作。

❻ 拆單定存

　　若想做較大額的定存，建議和銀行拆單後再分批定存，如此可以讓自己在資金調度上更靈活，避免用錢時被打折，也可以減少二代健保的扣繳。

外幣定存如何賺錢？

❶ 利息差異（利差）

就是美金定存利率和台幣定存利率的差異，就目前一年期定存差異達2.3%左右。台灣銀行提供一年期的美元定期儲蓄存款利率（圖2）為3.8%，而一年期台幣定期儲蓄存款利率（圖3）為1.475%，利差至少2.3%。

圖2：台灣銀行美金定存利率

幣別	活期(年息%)	定期存款 (年息%)							
		7天	14天	21天	1個月	3個月	6個月	9個月	1年
美金(USD)	1.15	1.6	1.6	1.6	2.75	3.25	3.5	3.7	3.8
美金(USD)大額	-	1.6	1.6	1.6	2.77	3.27	3.52	3.72	3.82

掛牌時間：2023/02/12　　實施日期：2023/02/07

資料來源：外匯存款牌告利率。台灣銀行。https://rate.bot.com.tw/ir?Lang=zh-TW

圖3：台灣銀行台幣定存利率

掛牌日期：2023/02/12　　實施日期：2023/02/10

類別	期別	利率(年息%)		
		金額	機動利率	固定利率
定期儲蓄存款	三年	一般	1.535	1.535
		五百萬元(含)以上	0.595	0.595
	二年～未滿三年	一般	1.500	1.500
		五百萬元(含)以上	0.590	0.590
	一年～未滿二年	一般	1.465	1.475
		五百萬元(含)以上	0.585	0.585

資料來源：新臺幣存（放）款牌告利率。台灣銀行。https://rate.bot.com.tw/twd?Lang=zh-TW

❷ 匯率差異（匯差）

匯差就是用台幣在買美金，在美金換回台幣過程中產生的匯差益。去年有將近10%的匯差益，詳見下圖4，2022年1月17日匯率為27.55，而2022年10月25日匯率為32.40，匯差計算為（32.40－27.55）÷27.55＝17.6%。雖然通常很難找到最低點，但即使只找到相對低點，在這樣的匯率變化下也可以賺取10%以上報酬。

圖4：2022年美元兌新台幣匯率

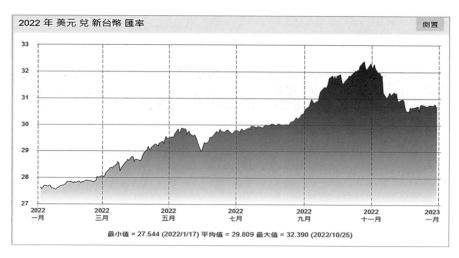

資料來源：2022年美元兌新台幣匯率。NTD24.tw。https://www.ntd24.tw/%E7%BE%8E%E5%85%83/2022

利用利率平價理論公式了解
是否應該買進美元

❶ 什麼是利率平價理論？

當一個國家的利率（美國基準利率）持續看升時，可預期持有該國貨幣會逐步看升（美元升值），因為資金（台幣）會湧入利率將持續看升的貨幣（美元）。並且利率較高的國家，遠期匯率會貶值，而且貶值比例剛剛好抵銷掉雙邊的利率差距。

利率平價理論是基於利率與匯率的均衡理論，是由兩種不同貨幣（美元和台幣）之間的利率水準，用即期的匯價去推算未來兩國貨幣之間的遠期匯率理論價。

❷ 利率平價理論公式

$$(1+Ai) = (F \div S) \times (1+Bi)$$

$$F = \frac{(1+Ai)}{(1+Bi)} \times S = \frac{S(1+Ai)}{S(1+Bi)}$$

Ai：A國的年利率（例如台灣）

Bi：B國的年利率（例如美國）

F：遠期匯率（未來美元兌換台幣的匯率）

S：即期匯率（目前美元兌換台幣的匯率）

❸ 利用利率平價模式推論美元兌台幣匯率

　　以下將以兩個範例來說明如何利用利率平價模式來推論未來的匯率，如此一來，就可以找到相對好的匯率點買進或賣出。

(1) 假設美元兌台幣即期匯率32.350，美元三個月定存年利率5.25%，新台幣三個月定存年利率1.10%，推算三個月的遠期匯率如下。

美元定存本利和：S（1＋Bi）

美元即期匯率×（1＋美元三個月定存利率）
＝1×（1＋5.25%÷12×3）＝1.013

台幣定存本利和：S（1＋Ai）

台幣即期匯率×（1＋台幣三個月定存利率）
＝32.350×（1＋1.10%÷12×3）＝32.439

三個月的遠期匯率應為**32.439÷1.013=32.019**

(2) 2023年2月10日，台灣銀行美元兌台幣賣出匯率30.19（下頁圖5），台灣銀行台幣一年期定期儲蓄存款利率1.475%（第209頁，圖3），美元一年期定存利率3.8%（第209頁，圖2），推算一年後的遠期匯率如下。

美元定存本利和：S（1＋Bi）

美元即期匯率×（1＋美元一年期定存利率）
＝1×（1＋3.8%）＝1.038

台幣定存本利和：S（1＋Ai）

台幣即期匯率×（1＋台幣一年期定存利率）
＝30.19×（1＋1.475%）＝30.635

1年後遠期匯率為**30.635÷1.038**＝29.513

（美金兌台幣，風險點）

圖5：2023年2月10日台灣銀行美元兌台幣匯率

掛牌日期	幣別	現金匯率		即期匯率	
		本行買入	本行賣出	本行買入	本行賣出
2023/02/10	美金 (USD)	29.74	30.41	30.09	30.19
2023/02/09	美金 (USD)	29.665	30.335	30.015	30.115
2023/02/08	美金 (USD)	29.655	30.325	30.005	30.105
2023/02/07	美金 (USD)	29.64	30.31	29.99	30.09
2023/02/06	美金 (USD)	29.58	30.25	29.93	30.03
2023/02/04	美金 (USD)	29.5	30.17	29.85	29.95
2023/02/03	美金 (USD)	29.32	29.99	29.67	29.77
2023/02/02	美金 (USD)	29.295	29.965	29.645	29.745
2023/02/01	美金 (USD)	29.555	30.225	29.905	30.005
2023/01/31	美金 (USD)	29.635	30.305	29.985	30.085
2023/01/30	美金 (USD)	29.725	30.395	30.075	30.175
2023/01/19	美金 (USD)	29.965	30.635	30.315	30.415
2023/01/18	美金 (USD)	29.925	30.595	30.275	30.375
2023/01/17	美金 (USD)	29.91	30.58	30.26	30.36
2023/01/16	美金 (USD)	29.865	30.535	30.215	30.315

資料來源：歷史本行營業時間牌告匯率。台灣銀行。https://rate.bot.com.tw/xrt/quote/ltm/USD

如何操作美金定存？

❶ 方案一

(1) 找到美元相對低點買入。例如2022年1月17日買入價格27.544。

(2) 當時美元定存一年期利率接近5%，賺利率差。

(3) 於2023年1月2日定存1年後到期解約美元換回台幣，賣出30.75，賺取匯差。（如下圖6）

圖6：2023年1月2日美元兌台幣匯率

2023/1/10	星期二	30.44300 TWD	USD對TWD的匯率在2023/1/10
2023/1/9	星期一	30.47700 TWD	USD對TWD的匯率在2023/1/9
2023/1/6	星期五	30.57660 TWD	USD對TWD的匯率在2023/1/6
2023/1/5	星期四	30.68810 TWD	USD對TWD的匯率在2023/1/5
2023/1/4	星期三	30.69300 TWD	USD對TWD的匯率在2023/1/4
2023/1/3	星期二	30.72210 TWD	USD對TWD的匯率在2023/1/3
2023/1/2	星期一	30.75410 TWD	USD對TWD的匯率在2023/1/2
2022/12/30	星期五	30.66300 TWD	USD對TWD的匯率在2022/12/30

資料來源：歷史本行營業時間牌告匯率。台灣銀行。https://rate.bot.com.tw/xrt/quote/ltm/USD

❷ 方案二

(1) 找到美元相對低點買入。例如於2022年1月17日買入美元，匯率 27.544。

(2) 買2年期美元公債，公債殖利率3.05%，藉此賺利率差。（如下圖7）

(3) 今年年底或是明年聯準會降息後，債券價格上漲時賣掉，以賺取價差。

(4) 將美元賣掉換回台幣，賺取匯差。

圖7：美國2年期公債殖利率

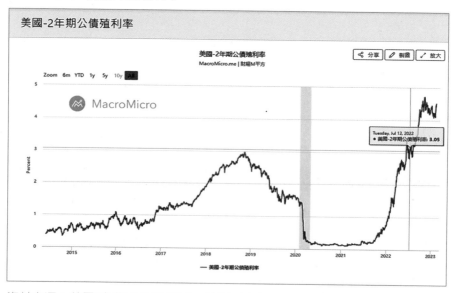

資料來源：美國2年期公債殖利率。財經M平方。https://www.macromicro.me/charts/76/2-year-bond-yield-us

外幣及外幣定存的優點

01 外幣定存的利率（美元）比台幣好，尤其是強勢貨幣，例如美元。

02 外幣較能分散貨幣匯率的風險。（一籃子外幣）

03 外幣可操作的金融商品較多元。

04 外幣除了能賺利率差，也有許多機會可以賺到價差及匯差。

 ## 聯邦基準利率如何影響美元定存

❶ 聯邦基準利率是什麼？

美國聯邦基準利率指美國商業銀行之間的隔夜拆款利率，也是商業銀行將超額準備金借給其他資金短缺商業銀行的計息標準。並反映短期市場利率水準，通常FOMC（聯邦公開市場委員會）會對聯邦基準利率設定目標區間，然後透過公開市場操作以確保利率維持在此區間內。

聯邦基準利率是美國經濟中最重要的短期利率，它影響整個美國金融環境甚至整個世界經濟，進而影響到存款利率（美元活存及美元定存）及貸款利率等。因此商業銀行隔夜拆款利率，能影響整個市場的利率變化，目前國內銀行的美元定存利率也是如此。

圖8：美國聯邦基金利率變化

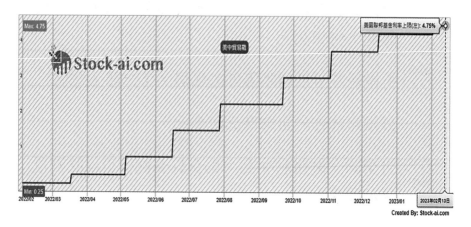

資料來源：美國聯邦基金利率上限。2023年2月13日。Stock-ai。https://stock-ai.com/eom-5-DFEDTARU.php

❷ 影響聯邦基準利率的因素

　　聯邦基準利率，也稱為聯邦基準目標利率範圍，2008年以前它是一個數值，後來變成一個利率區間，利率區間有上限及下限。2023年2月利率區間是（4.5%～4.75%），若要升息一碼，則利率區間就會落在（4.75%～5.0%）。至於影響FOMC（聯邦公開市場委員會）做出決定影響聯邦基準利率的因素，主要是考慮通貨膨脹（圖9）和就業（圖10）兩方面目標的發展情況，若通貨膨脹上升，聯準會就會透過升息來抑制通膨，若就業數據不好（非農就業數據），則會通過降息來提升經濟及提升非農就業數據。

圖9：美國消費者物價指數變化

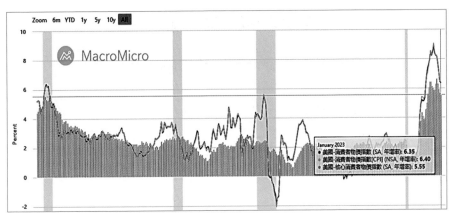

資料來源：美國消費者物價指數[CPI]。財經m平方。https://www.macromicro.me/
charts/10/cpi

圖10：美國非農就業人口數與失業率變化

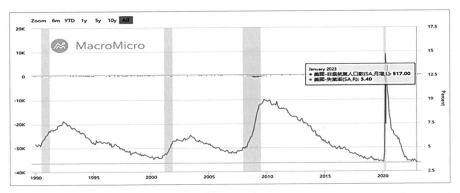

資料來源：美國非農vs.失業率。財經m平方。https://www.macromicro.me/
charts/6/employment-condition

如何開立外幣存款戶及購買外幣

01 找一家美金定存利率高的銀行。

02 準備證件（身分證、第二證件及印章）。

03 開好外幣帳戶。

04 到銀行臨櫃或網路銀行操作。

買來的美元該活存還是定存？

買美金定存除了要確保美金的後續用途、還要選擇該活存、短期定存，或是長期定存，須隨時留意美元走勢及美國經濟好壞。美國經濟好美元就強勢，這是因為美國經濟好會促進美國通貨膨脹，而為了降低通貨膨脹，會透過升息來產生實質利率為正的經濟環境。

在這樣的過程中，會造成美元升值及美元存款的高利息，讓投資人可以匯差及利差都賺，因此美國經濟從復甦到繁榮的階段是美元幣值從弱勢到強勢的階段，此時應該買進美元。

隨著美國經濟逐漸繁榮、通膨上升，美國會透過升息來降低通膨，使美元定存利率上升，該階段應承作長期定存以避免經濟衰退後美國降息。反之，美國經濟未來步入衰退時，應承作3個月活存或定存（短天期），以避免賺到利差卻賠掉匯差。

投資心法總結

❶ 外幣除了能賺利差,也有許多機會可以賺到價差及匯差。

❷ 外幣可操作的金融商品較多元。

❸ 利用美元質借台幣,除了可以擁有貸款低利率之外,更可以避免因賣外幣而造成匯兌損失。

❹ 利用利率平價模式,選擇買進美元的兌換點,盡量在匯率低點買入外幣,將有機會可獲取匯率價差。

❺ 要隨時注意國際情勢,以利掌握匯率的變動。

❻ 如果有較大的金額想做定存,記得要拆單、分批定存。

❼ 如果定存不幸需要解約,是會需要將定存單的總利息打8折的,所以要選擇合適的定存金額及定存日期,避免解約的情形發生。

❽ 若想要避免被課徵二代健保補充保費,建議將定存單拆成每筆利息小於2萬元的定存單。

❾ 比較各銀行的定存年期及利率。

❿ 各銀行外幣定存利率的成本價和銀行的報價仍有落差,讀者要多和銀行往來,以爭取優惠的定存利率。

視界講堂 007

投報率最穩！第一本全方位穩定收益投資指南
不動產×股票×債券×保險×外幣定存操作

現在就不想上班!? 用被動收入輕鬆打造美好退休生活！

作　　者	廖仁傑
顧　　問	曾文旭
社　　長	王毓芳
編輯統籌	耿文國、黃璽宇
主　　編	吳靜宜
執行主編	潘妍潔
執行編輯	吳芸蓁、吳欣蓉、范筱翎
美術編輯	王桂芳、張嘉容
封面設計	阿作
法律顧問	北辰著作權事務所　蕭雄淋律師、幸秋妙律師

初　　版	2023年08月
出　　版	捷徑文化出版事業有限公司
電　　話	（02）2752-5618
傳　　真	（02）2752-5619

定　　價	新台幣380元／港幣127元
產品內容	1書

總 經 銷	采舍國際有限公司
地　　址	235新北市中和區中山路二段366巷10號3樓
電　　話	（02）8245-8786
傳　　真	（02）8245-8718

港澳地區總經銷	和平圖書有限公司
地　　址	香港柴灣嘉業街12號百樂門大廈17樓
電　　話	（852）2804-6687
傳　　真	（852）2804-6409

書中圖片由Freepik網站提供。

捷徑Book站

國家圖書館出版品預行編目資料

投報率最穩！第一本全方位穩定收益投資指南：
不動產×股票×債券×保險×外幣定存操作 / 廖
仁傑著. -- 初版. -- [臺北市]：捷徑文化出版事業
有限公司, 2023.08
　面；　公分（視界講堂：007）
ISBN 978-626-7116-36-4(平裝)
1.CST: 投資 2.CST: 投資技術
3.CST: 投資分析

563.5　　　　　　　　　　　　112009367